幸福な人生の送り方

斉藤こはく

JN222191

はじめに

私は小学校高学年の頃から、生物学、物理学、心理学、宗教という四つの学問（宗教は学問ではないかも）に大変興味を持ってきました。もちろん最初のうちは学問などという認識もなく、ただ単純におもしろい、もっと知りたいという好奇心だけだったと思います。

最初にはまったのは、小学五年か六年の頃、当時小学生向けの「科学」[※1]という月刊誌があり、その付録に付いていた小冊子でした。猿から人へ進化していく過程がその時代の生活風景と共に描かれていて、毎日のように寝る前に布団の中で、人が元は猿だったという驚きと共に大変興味深く読んだのを覚えています。

その後も中学生の頃には、アインシュタイン[※2]の相対性理論、フロイト[※3]やユング[※4]の無意識に関する理論等、本屋さんに行っては、おもしろそうな題名の本を買ってよく読んでいました。

大人になっても興味は尽きる事はなく、今までにそれぞれの分野で数十冊、全部合わせれば数百冊は読んでいると思います。しかし、どの本もすべて一般の素人向けの、難しい数式や専門用語の少ない、やさしい内容のものばかりです。実は、私は最初に挙げた四つの分野すべてに興味があるのですが、どの分野も専門的な勉強はした事がないのです。最終学歴も高卒ですし、学問という認識がないのは、最初だけではなく今も同じかもしれません。

そんな私は、いつの頃からか、この四つの分野を融合し、統合する理論を作れば、それこそ私達が住んでいるこの世界、宇宙の「真理」とでもいうようなすばらしい理論ができるのではないか、と思うようになりました。なぜそう思ったかというと、それぞれの分野の一見まったく無関係に見える別々の理論が、なんとなく似ているなとか、同じにおいがするなとか、何かつながっているような気がするなといった感覚を持つようになったからです。例えば、物理学のエネルギー保存の法則と生物学の食物連鎖、ダーウィン[※5]の進化論とユングの集合的無意識、等々。そして、いつかこの私の感覚の正体を明確に表現してくれる本が出版されるのを楽しみにするようになりました。

しかし、何年待ってもそのような本を見かける事はありません。少なくとも本屋さんの売れ筋のコーナーでは見た事はありませんでした。そして、ある時ふと思ったのです。私のこの感覚、つまり、別々の理論が似ていると思う感覚は、私が素人だからこそ感じるもので、それぞれの分野で専門的な勉強を積んだ偉い先生方にとっては、何を馬鹿な事を言っているのだ、という感覚なのかもしれないと。

しかしこれは無理もない話で、何百年も前の古代ギリシャの頃の科学者なら、あらゆる分野に長けた万能の天才もいたでしょうが、現代では科学は進歩に進歩を重ね、細分化をしなければどんな天才であってもそのキャパシティを超えてしまいます。一人の研究者が一生賭けて研究できる分野というのは、全体から見たら、極々わずかな範囲でしかないのでしょう。そんな現代において、大きな四つの分野にまたがる理論を考えるなどという馬鹿げた事はどんな天才でもしないのではないでしょうか。もしそうだとすれば、通常本を書くのは、偉い学者の先生方ですから、いくら待っていても、私が望んでいる本は出版される事はなく、私の人生の楽しみが一つ減った事になります。

実は本書を書こうと思ったのは、少しオーバーな表現をすれば、それが私の使命のような気がしてきたのです。まったく別々の理論が似ているように思う感性というのは、私のような素人だからこそ持てるものであり、それはむしろ価値ある事ではないかと思うようになったのです。

もちろん本を書くなどという事は初めての事ですし、まさに清水の舞台から飛び降りるといった心境ですが、どうせなら、大胆にと思い、すべての人類の望みである「幸福な人生」をテーマにしてみたわけです。

ところで、最初に挙げた四つの分野（生物学、物理学、心理学、宗教）のうち一つだけ異質なものが含まれていると思った方も多いのではないでしょうか。おそらく、それは「宗教」だと思います。他の三つの分野は「科学的」「論理的」という言葉が似合いそうですが宗教だけは、まるで正反対の「非科学的」「非論理的」「オカルト」という言葉が似合いそうな分野です。

誤解がないように前もって記しておきますが、私は特定の宗教の信者でもなければ、宗教団体に所属もしていません。もちろん、本書の目的が特定の宗教への勧誘というわけでもありません。

私が特に興味を持っているのは、宗教の中でも仏教です。仏教というと、日本人の特に若い方々のイメージでは、仏教→お寺→お坊さん→葬式→お墓→幽霊→オカルトといった感じかもしれません。そこでやはり誤解がないように仏教についての基礎知識を少しだけ記しておこうと思います。

仏教というのは、紀元前五世紀頃（今から二千五百年位前）北インド（現在ではネパール）のシャカ族の王子でゴータマシッダールタという人が二十九歳の時に出家し、修行を重ね三十五歳の時に悟りを開き、その悟りの内容を世に広めていったのが始まりとされています。その後アジア全般に広がっていったわけですが、ゴータマシッダールタという名前を聞き慣れない人も多いと思います。日本では、「お釈迦様」とか「ブッタ」等と呼ばれることが多いようです。お釈迦様の釈迦は所属していた部族名からきているようです。「ブッタ」というのは、「目覚めた人」という意味で、悟りを開いた後の呼び名のようです。他にも「釈尊」だとか「世尊」だとかいろいろと呼び名はあるようですが、本書の中では、日本人に一番馴染みのある「お釈迦様」で統一したいと思います。

ではそのお釈迦様が何を悟ったのか、どんな教えを世に広めたのか、という事が問題なのですが、その内容が書かれているのが「経文」あるいは「経典」という事になっています。お葬式の時等にお坊さんが唱えている「お経」と呼ばれる例のあれです。おそらく、ほとんどの人は何を言っているのかさっぱりわからないのではないでしょうか。

しかし、本当にお釈迦様の教えは経文（経典）の中に書いてあるのでしょうか。実は疑わしい点も多くあるのです。まずお釈迦様自身は自分の教えを文章に残すという事をしなかったそうです。

説法という方法で大勢の弟子達を前に口頭で伝えるか、もしくは、悩み相談の様に、相談に来た信者に個別に話をするか、いずれにしても自分で文章には残さなかったそうです。そして、お釈迦様が亡くなった後に弟子達が書き残したものが現在の経文（経典）の元になっているそうなのです。

皆さんもご経験があると思いますが、人の話は、聞く人によって理解の度合いが違ったり、誤解があったり、違うニュアンスで受け取ったりということがあります。案の定、お釈迦様の話を直接聞いた弟子達の段階で、既にいくつかの派閥に分かれたそうです。その後も世代を越え、国を越え、言語が訳され、人から人へ伝わるうちに、数え切れないくらいの経文（経典）と宗派ができてしまいました。中には仏教の人気に便乗して、まったくのでたらめの経文（経典）を作ってしまう人までいたそうです。

日本には飛鳥時代に、中国から朝鮮半島経由で伝わったのが最初ではないかといわれています。日本の中でもいろいろな宗派ができてきて、それぞれの宗派で微妙に教えの内容が違ったり、時には、宗派と宗派が対立し、争いになったりもしたそうです。

現代ではどちらかというと、お葬式などの儀式の時だけ注目を浴び、普段の日常生活には無関係なものになってしまっているように思います。

私が特に興味があるのは、最初にお釈迦様が広めた「教え」はどんなものだったのか、という事なのですが、私が勉強した限りでは、どうも死者についての教えではなく、生きている人がどうすれば幸せに生きられるか、という教えだったのではないかと思うのです。つまり、本書のテーマと同じなのです。しかも、私達が抱くイメージほど、オカルト的でも神秘的でもなく、どちらかというと、科学的、論理的で生物学、物理学、心理学と相通ずる部分も多いのです。
　私自身は悟りを開いたとも思っていませんし、宗教の教祖になろうとも思っていませんが、本書を読んでいただいた方が一人でも多く幸福な人生を送っていただければ幸せに思います。

※1　学研の「科学」1957年に創刊2010年に一度休刊したが2022年に復刊
※2　アルベルト・アインシュタイン1879年〜1955年、理論物理学者
※3　ジークムント・フロイト1856年〜1939年、心理学者、精神科医
※4　カール・グスタフ・ユング1875年〜1961年、心理学者、精神科医
※5　チャールズ・ダーウィン1809年〜1882年、自然科学者、生物学者

目次

一、幸福とは

幸福を感じる時

当然のことですが幸福とは「幸福感」という心の中の感情の一種です。「感情」というのは不思議なもので、自分の心の中にありながら、同じ心の中にある「意思」とは違い、どこか別の所からやって来るような、心の奥の方から湧き上がって来るような、そんな感じのするものです。基本的には悲しもうと思って悲しむものでもないし、うれしがろうと思ってうれしい気持ちになるものでもありません。役者さん等であえてそうする人もいるかもしれませんが、これは特別な例でしょう。

それともう一つ、「感情」というものは多分に心の外側、つまりその人が置かれた状況や環境等の影響を受けます。怒りの感情で殺人を犯してしまった人は、たいてい自分が悪いとは思っていないそうです。「相手が俺を怒らせたのが悪い」という理屈のようです。

「幸福感」もやはり心の外側の状況や環境の影響を受けます。ある調査[※6]で「あなたはどんな時に幸せを感じますか」という質問をしたところ、一位おいしいものを食べている時、二位趣味の時間を楽しむ時、三位旅行、温泉に行った時、という結果がでたそうです。お金、地位、名誉等を得た時という答が意外と少ないと思ったのですが、少数派では仕事で成果を上げた時、という人もいたようです。またこの調査の参加者にはいないようでしたが、預金通帳を見ている時、だとか、スポーツの大会で優勝した時などという人もいるでしょう。余談ですが、1992年のバルセロナオリンピックの水泳で金メダルを取った当時十四歳（水泳では最年少）の少女が[※7]「今まで生きてきて一番幸せです」とコメントし、「今までって、たったの十四年やないかい」と日本中の大人達が突っ込みを入れたのを覚えている方も多いでしょう。

それはともかく、幸せを感じる時というのは、人それぞれ千差万別です。上位にきているものでも、「おいしいもの」は人それぞれ違うでしょう。ステーキだったり、焼き肉だったり、女性ならスイーツ系が多いかもしれません。

「趣味」も人によってまちまちです。鉄道ファンやアイドルオタク、映画好きやアニメ好き等、挙げればきりがありません。

また、独身女性にとっては、幸せイコール結婚というイメージを持っている人も多いかもしれません。

一般的に人は「幸福」を求める時、心の外側の状況や環境から求めようとする人が多いようです。しかし、調査結果からもわかるように、ある程度の傾向はつかめたとしても、「幸福感」を得る為の必要かつ十分な条件を満たした状況や環境を見出す事は、無理があるように思います。

おいしいものを食べている時と答えた人も、いくらおいしいものでも毎日同じものを食べ続けていたら、「幸福感」は無くなってしまうでしょうし、趣味の時間を楽しむ時と答えた人も毎日起きている間同じ趣味に没頭し続ければ、「幸福感」は消えてなくなるでしょう。つまり、「真の幸福とは何か、を探す為には、心の内側を検証しなければならない」という事です。

相対的幸福感

それともう一つ、調査結果を見て気付くのは、皆さんが感じている幸福感のほとんどは、「相対的幸福感」（私が作った造語です）であるという事です。

例えばおいしいものを食べている時と答えた人もその食べ物は、高価だからとか、肥るから等の理由で毎日のように食べられないからこそおいしいのであって、毎日食べていたらおいしいとも思わなくなるのではないでしょうか。

趣味の時間を楽しむ時と答えた人も、「趣味」ではなく「仕事」にしてしまったら、同じ行為をしたとしても、効率や収支を考えざるを得なくなり、その行為は楽しめなくなるでしょう。

つまり、どの幸福感もつらさや苦しさから解放される事で幸福感を味わっているわけです。「毎日食べられない」という苦しさからの解放、「効率や収支を考えた仕事」という苦しさからの解放、という事です。もし、今幸福感を味わえる状況に居たとしても、その状況が長く続いてしまえば、幸福感はなくなってしまう。つらさ苦しさがあってこその幸福感、つらさ苦しさがなければ幸福感もない、という事になります。

オリンピックで金メダルを取った人も、つらく苦しい練習があったからこそ、大きな幸福感を得られるのでしょう。もし仮に（そんなことはあり得ないと思いますが）まったく練習をしないで、出る大会出る大会すべて優勝したとしたら、最初の一回二回はうれしくても、そのうちつまらなくなってしまうのではないでしょうか。

ところで、先日、テレビのバラエティ番組でこんな話題がありました。女性は、普段クールな男性がたまにやさしい言動をすると、キュンときてしまうそうです。いつもやさしい男性より、たまにやさしい男性の方がもてる、というのです。なんだか納得がいかないような気がしますが、女性はそのギャップに弱いそうです。私は、これは一種の「錯覚」だと思うのです。いつもやさしい男性は、女性から見ると、それが当たり前でやさしさのありがたみがなくなってしまう。普段クールな男性は、クールな方が当たり前になっているので、たまにやさしい言動をすると、そのやさしさが際立って強調されるわけです。女性から見ると、強烈なやさしさに感じるのでしょう。

「相対的幸福感」というのも一種の「錯覚」だと思うのです。つらさや苦しさの度合いが大きければ大きいほど、あるいは、つらく苦しい時間が長ければ長いほど、そこから解放された時の幸福感も大きい。これは「真の幸福」といえるのでしょうか。もちろん、「錯覚」でもいいのです。幸福感には違いないのですから。しかし、この幸福感は長くは続かないですね。実はこの幸福感を味わいたくて、あえて何度も何度もつらく苦しい状況へ自ら飛び込んでいく人が非常に多いのです。登山家やマラソンランナー等に多いのではないでしょうか。

仏教のお坊さんでも、宗派によっては大変過酷な修行をします。テレビの映像等で真冬に滝にうたれているお坊さんの姿を見た事がある方も多いと思います。私の考えでは、あれはお釈迦様の教えが誤解されて伝わったのではないかと思っているのです。確かにお釈迦様は、出家をして悟りを開くまでの間に大変過酷な修行をしたと伝えられています。しかし、おそらく、お釈迦様はこの方法では悟りを開く事はできないと思われたのだと思います。なぜなら、悟りを開いた後のお釈迦様は、弟子たちにそれほど過酷な修行を勧めてはいないようですし、自分でもそのような修行はやめてしまっているようです。

では、お釈迦様が本当に言いたかったのは、どんな事だったのでしょうか。お釈迦様が悟りを開いてから最初に行った説法の事を「初転法輪」と呼ぶそうです。その説法で最初に説いた事は、「人生とは、苦しみである」だそうです。

日常会話で、物事がうまく進まず苦労する事を「四苦八苦する」という表現を使いますが、これは元をたどると仏教用語だそうです。「四苦」というのが有名な「生・老・病・死」、生まれる事、老いる事、病気になる事、死ぬ事という四つがもっとも大きな苦しみであるというのです。「八苦」はここでは省きますが、とにかく最初の説法のこれまた最初の一言目に「人生は苦しみである」と説き、なおかつ苦しみの内容を事細かに挙げているのです。もちろんその後に「その苦しみを消す方法は……」と続くのですが、だとしても、いきなり最初の説法の最初の一言目から、そこまでネガティブな事を言わなくても良いのでは、と思います。人によっては生きているのがいやになりそうですね。

しかし、先程の「相対的幸福感」の話と照らし合わせてみてください。どうでしょう、人生がそもそも「苦しみ」だと思えば、日常の些細な事、たわいもない事でも、幸福だと思えるのではないでしょうか。例えば、今日健康で過ごせる事、今日食べる食事がある事、布団の上で寝られる事、等。また、今までつらい、苦しいと思っていた事も幸せに思えるかもしれません。仕事をする事（働く場所がある幸せ）、子供が夜鳴きをして眠れない事（赤ちゃんが居るだけで幸せ）、子供が反抗期ですぐに逆らう事（会話ができるだけで幸せ）、等。もちろんこれらの幸福感も錯覚といえば錯覚でしょう。真の幸福とはいえないかもしれません。でもどうせ錯覚するなら徹底的に錯覚するのもいいかもしれません。

もうお気付きの方も多いと思いますが、この錯覚による相対的幸福感の考え方は、自己啓発本等で以前からよく紹介されている「プラス思考」「ポジティブ思考」「前向きな考え方」とよく似ています。「引き寄せの法則」といわれるものとも似ています。私もこの考え方には賛同しますし、けして間違いではないと思います。しかし、自分を錯覚させるのは、そう簡単ではないし、時には、この考え方を悪用する輩も出現します。（例えば、安い給料やサービス残業で社員をこき使い、仕事があるだけ幸せだと思え、という経営者等）ですから、本書の中ではもっと本質的な幸福を探っていきたいと思うのですが、やはり、その為には、先程も述べたように、心の内側を検証していかなければなりません。

まとめ

一、幸福とは「幸福感」という心の中の感情の一種である。
二、心の外側（状況、環境、立場、地位、名誉、財産等）から幸福の必要かつ十分な条件を見出す事はできない。
三、一般的な幸福感のほとんどが「相対的幸福感」であり、一種の「錯覚」である。
四、「真の幸福」を見付ける為には、心の内側を探る必要がある。

※6　株式会社ヒューネルが2022年に500人を対象に行った調査
※7　岩崎恭子さん、現在はスポーツコメンテーター等としてテレビ等でもご活躍です

二、心とは

「心」の定義

極論を言えば「幸福な人生とは、どんな状況や環境に居ても、心が幸福感を感じ続ける人生」ということになります。

では、この「心」とはいったい何なのでしょうか。これに明確な答を出せる人はまずいないのではないでしょうか。通常「○○とは何か明確に定義せよ。」という設問に答えられるケースというのは、○○という言葉自体を偉い学者の先生方が新たに作ったか、もしくは、古くからある言葉の場合、「これこれこういう事にしましょう。ここからここまでの範囲としましょう」などとやはり偉い先生方が決めたか、どちらかのケースです。つまり決めたか決めていないかの問題なのです。

そういえば、何年か前に「冥王星が太陽系の惑星ではなくなった」というニュースがありました。[※8]これはまさに先生方が惑星の定義を変えた事が原因なわけです。冥王星自体は何も変わってはいません。
「心」という言葉は古くからあるものなので、学者の先生方が定義を決めたのか否か、なのですが、一番の専門家と思われるのは心理学者でしょう。ところが、心理学の教科書には、「心の定義」というのは載っていないそうです。そもそも最近の心理学というのは、心そのものを研究するというよりは、人間の行動を研究しているのだそうです。[※9]
確かに科学というものは本来実証主義であるべきものです。人間の行動は観察し、実証する事も可能ですが、心そのものは手に取る事も見ることもできない。観察できなければ、実証もできないわけです。
しかしながら、日常会話で「心」という言葉は実際に使われているわけですから、明確とは言えないまでも、皆さんそれなりのイメージは持っていると思います。意思の疎通をする上で大切な事は、そのイメージが共通しているかどうかです。本書の中でも、私と読者の方々のイメージが共通するように、いろいろと思考を巡らせてみたいと思います。そして、最後に、本書なりの「心の定義」を明確にしたいと思います。

「心」はどこにあるか

では、まず、心はどこにあるかという問題です。現代人であれば、九割以上の人は、頭あるいは脳と答えるでしょう。

昔は胸にあると思っている人が多かったようです。現代でも日常会話でそのなごりがあります。「胸に手を当てて考えてみろ」だとか「自分の胸に聞いてみな」等がそうですね。ジェスチャーでも「心を込めて」と言う時は胸に手を当てたりします。

おそらく昔の人は、心が動揺した時などに心臓の鼓動が速くなったりする事から、心は胸にあると思ったのではないでしょうか。心臓は文字通り心の臓器と書きます。

しかし、科学が発展し、心臓は血液を送るポンプのような役目をし、心を作り出しそうな部分は見当たらない事、人の行動のほとんどは、脳から信号が送られている事等がわかり、現代では「心は脳が作り出している」という事が常識になってきています。

私も日常会話で使う「心」としてはまったくの同意見です。しかし本書なりの定義をしようとした時には、少し保留にしておいてほしいのです。ここでは「おおむね脳が作り出している」という事にしておいてください。

人以外の生き物の「心」

ところで、皆さんは人以外の動物に心はあると思いますか。また、進化論によれば、人は昔猿のような動物であり、それ以前はもっと下等な動物だったらしいのですが、いつ頃から心を持つようになったのでしょうか。人の祖先を観察する事はできませんが、現代生きている動物を観察すると、人の祖先についても推測できるかもしれません。

ちなみに、私の家ではオスの柴犬を飼っています。基本的にあまり芸をしない犬ですが、私がおやつを手に持っている時は、「おすわり」と「お手」くらいはします。持っていない時は知らんぷりです。散歩の時、別のオス犬に出くわすと、まるで戦いを挑むように吠えまくります。メス犬に会うと、なんだかデレデレしている様に見えます。私の目には犬にも「心」があるようにしか見えません。

皆さんの日常会話の「心」のイメージでもおそらく哺乳類には心がある様に思えるのではないでしょうか。

では、鳥類はどうでしょう。オウム等の仲間は、人の言葉を真似して「おはよう」等としゃべる鳥もいます。しかし、これは、音を真似ているだけで、「心」がある事にはならないでしょう。しかし、カンムリシヨウノガンという鳥のオスは、メスに自分の魅力をアピールする為に、羽を広げてコミカルなダンスを踊ります。この行動は、「心」がありそうな行動です。

爬虫類はどうでしょうか。このあたりから人によって意見が分かれていきそうです。さすがにトカゲやヘビには「心」はないでしょう、という方も多いと思います。しかし、私は以前、亀を飼っていましたが、餌をもらう時に首を伸ばす仕草等を見ると、「心」があるようにも感じました。

では、魚類はどうでしょう。もう、割合的には、「心」はない、と思う人の方が多いかもしれません。しかし、金魚や鯉が飼い主に寄って来る姿等は、「心」がありそうにも思います。

昆虫はどうでしょうか。もう、九割以上の人が、「心」はないと感じているでしょう。では、ゾウリムシ等の単細胞生物、あるいは、細菌やウィルスはどうでしょう。もはや、ほぼ百パーセントの人が、「心」はないと断言するかもしれません。

先程、現代人の九割以上の人は、「心」は脳が作り出していると思っていると述べました。という事は、脳の有無も、「心」の有無に大きく関係している事になります。人以外の動物の脳は、どのようになっているのでしょうか。

哺乳類、鳥類、爬虫類、両生類、魚類までの、いわゆる脊椎動物は、大きさに差はありますが、「脳」と呼べる場所が一か所あり、そこから全身に、神経が張り巡らされているようです。したがって、魚類にも、一応「心」があると考えても良いかもしれません。

そもそも、進化のプロセスにおける脳の発生起源というのは、全体に広がる神経細胞の一部分に、神経細胞が集中することにより、膨らみ出した部分が脳になったらしいのです。[※10]ですから、昆虫等にも神経は存在するのですが、膨らみがあまりにも小さく、どこからどこまでが、脳なのかよくわからないそうです。

つまり、昆虫等の行動というのは、人の「反射」に近いそうです。「反射」というのは、皆さんも経験があると思いますが、かっけの検査の時の例のあれです。高めの椅子に座り、膝から下をぶらぶらさせた状態で、膝の少し下のあたりを叩くと、自然に膝から下の部分が、ぴょこんと蹴り上げるように上がってしまう、あれです。つまり、脳が命令をしていないのに、外部からの刺激が、直接神経を刺激し、脳を経由することなく命令を発し、体が勝手に動いてしまう。というものです。

つまり、昆虫等の行動パターンというのは、目の前に、食べ物だと思われるものが現れれば、それを食し、外敵だと思われるものが現れれば、戦うか、逃げるか、どちらかというように、最初からほとんど決まっているという事なのです。

だからこそ、それを逆手に取って、食べ物だと思わせて近づき、実は、外敵で、逆に食してしまう。という昆虫もいます。

しかし、これも、人が「脳」で考える「作戦」とは、まったく質の違うものです。このように相手を騙す昆虫も、そのような行動パターンが決まっているにすぎず、更に言えば、そのような行動パターンを持って生まれたから、現在生き残っているにすぎないわけです。

少し話がそれますが、おもしろい動物を紹介するテレビ番組で、枯葉そっくりの姿をした昆虫、背景によって色が変化するカメレオン、突起物をひらひらと振る事で小魚をおびき寄せ、それを食す魚等、動物たちの生き抜く為の作戦として、よく紹介されていますが、この「生き抜く為の作戦」という表現も、あくまでも、比喩的な表現にすぎず、人が脳で考える「作戦」とは、質がまったく違います。これらも、そのような行動パターンが決まっているにすぎず、そのような能力を持って生まれたから、現在生き残っているにすぎないわけです。実は、この違いは大変大きな違いで、後に述べる進化論の話にも関係するので、頭の片隅に留めて置いて頂きたいと思います。

次に、植物はどうでしょうか。植物に「心」はあるでしょうか。割合的には、「ない」と答える人の方が多いと思いますが、以外にも「ある」と感じている人も多いようです。特にガーデニング等を趣味にしている人に多いようです。中には、植物と会話ができるなどという人もいます。ただ、科学的には、証明されているとは言えないようですし、案外、情緒的な意味で、「心」があると言っている人も多いかもしれません。

人の祖先の「心」

さて、ここまで、人以外の生物の「心」について検証してきましたが、その目的は、人の「心」の成り立ちについて、検証したいからです。つまり、人が人に成る前の猿のような生物だった頃、あるいは、もっと下等な生物だった頃の「心」はどんなものだったか、いつ頃から「心」と呼べるものが出現したのか、というような事です。人の祖先を直接的に検証する事はできませんが、現在の生物の中には、人の祖先に近い者も多く生息しています。

そもそも、生命は、およそ三十五億年前に、海の中で誕生したといわれています。諸説あるようですが、今のところ、それがもっとも有力な説のようです。最初の生命がどんなものであったか、あるいは、どの段階を生命と呼ぶべきか等についても諸説あるようです。(例えばウィルスを生命と呼ぶべきか、DNAやRNAはどうか等)本書では、話をわかりやすくする為に、最初の生命を、一つの細胞からなる生命という事で、「単細胞生物」と仮定して話を進めたいと思います。（厳密に言えば、最初の生命は核の無い「原核細胞生物」とする説が有力だそうです）現在生息する単細胞生物の代表的なものは、アメーバだとか、ゾウリムシ、ミドリムシ、あるいは細菌類もそうだと思います。（アメーバ、ゾウリムシ、ミドリムシは核有り、細菌類が核無し）

ほとんどの人は、これらに「心」があるとは思わないでしょう。しかし、ちょっと待ってください。最初に述べたように、「〇〇とは何か」という明確な定義というのは、極論を言えば、決めるか決めないかの問題です。ですから、「心は生命にあり、非生命にない」という決め方も間違いではありません。

あるいは、もう少し「心」の範囲を狭めれば、先に述べたように、「脳があれば、心があり、脳がなければ心がない」という決め方もあります。しかし、この場合、神経細胞が集中して膨らんだ所が脳であるわけですから、どの程度膨らめば脳といえるのか、その境目が難しいでしょう。

一番「心」の範囲を狭めた決め方としては、「人だけにある」という決め方です。しかも、やさしい気持ちや思いやり等といった善意のみを「心」とする考え方もあります。「あいつは、冷酷で、人の心を持たない」「心ない一言」等と使う時がそうでしょう。

ただ、いずれの決め方をするにしても、難しいのはその境目です。脳の膨らみと同様に、「人だけにある」と決めた場合でも、人の祖先の猿人、原人、旧人、新人のどの段階で「心」ができたのでしょうか。ちなみに、アウストラロピテクスは猿人、北京原人は原人、ネアンデルタール人は旧人、クロマニョン人は新人ですが、ホモサピエンス（人の学名）になった途端に急に「心」ができたのでしょうか。境目を決める事は大変難しい事です。

ここからは、私の独断で決めさせていただきたいのですが、もっとも広義の「心」、つまり、「心は生命にあり、非生命にない」と決めさせていただきたいのです。なぜなら、心の有無の境目が比較的明瞭である事と、後に述べる話の際に都合が良いからです。つまり、私が言わんとする「心」とは、一般的には、「生命エネルギー」などと呼ばれているものと同義語と考えてもらって良いと思います。

ただし、ここで言う「生命エネルギー」とは、ただ単に呼吸によって生まれるエネルギー代謝や、光合成によって発生するエネルギーを指しているわけではありません。

生命には物理学的、化学的に立証されていないエネルギーが存在しているそうなのですが、まさに、この正体不明のエネルギーの事を指しているのです。

生物学も日々進歩を重ね、最近はＤＮＡ等の分子生物学というものが主流だそうです。つまり、生命の活動も非生命（物質）と同じように、分子同士の結合や化学反応として捉えようとしているのだそうです。確かに生命活動のかなりの部分はこれで説明する事ができるそうですし、今まで不明だった事が明らかになったり、医療に大変役に立つ発見があったりと素晴らしい結果も残しているのですが、やはり、生命と非生命では、明らかにそこに働く力（エネルギー）に何らかの違いがあり、その物理学的、化学的正体が何であるかは、明確になっていないそうです。

例えば、ある重要な役割のタンパク質が欠落するように遺伝子操作したマウスの実験で、明らかにそのタンパク質は欠落しているはずなのにマウスは正常な生命活動をしている等、何か重要な物質が欠落しても、それを補う何らかの力（エネルギー）が働くといったような事や、自然界の非生命（物質）が、必然的に無秩序な方向へ力（エネルギー）が働くのに対し、生命は、秩序ある方向へ力（エネルギー）が働く事、あるいは、肉体を構成する分子は常に入れ替わっているはずなのに、同じような構造を保ち続けている事等、「負のエントロピー」だとか「動的平衡」だとかいろいろな呼び方があるようですが、ようするに、生命にだけ存する何らかのエネルギーという事になるのでしょう。※11

昔の人の言い方をすれば、「魂（たましい）」「霊魂」「命根」という事になるのでしょうか。正体がわからないものを説明しようとすると、どうしてもオカルトチックな言葉になってしまいますね。しかし、科学が進歩した現代でも、やはり正体は掴みきれておらず、その証拠に未だ科学者は、まったくの非生命から生命を生む出すことに成功していません。単細胞生物ですら人工的に作る事ができないのです。私が定義したい「心」とは、この正体不明の「生命エネルギー」という言葉と同義語と考えてください。

「心」の進化

さて、次に、「心」はどのように進化してきたかを探っていきたいと思います。まず、もっとも原始的な「心」は、どんなものでしょうか。それは、もっとも原始的な生命、単細胞生物の「心」という事になります。単細胞生物の「心」と言われてもピンとこない人がほとんどでしょう。そもそも先に述べたように、単細胞生物には心はないと考える人がほとんどでしょうから、ピンとくるもこないもありませんね。しかし、「生命エネルギー」と言えば少しだけイメージできるのではないでしょうか。

まず、単細胞生物の代表として、ゾウリムシの活動に注目してみたいと思います。大きさは、0・2〜0・3ミリくらいで、繊毛で運動し、細胞口から食物を取り入れ、食胞で消化し、細胞肛門から不消化物を排出する。細胞分裂を繰り返し増える。環境が適していれば、増え続け（分裂回数には限界があるが、二匹が接合し若返ると、また分裂できるようになる）、適していなければ死滅する。ゾウリムシの活動は、ほぼこれだけです。

そもそも、生命か非生命かの境目は、自己複製能力があるか否か、だそうです。つまり、「生命エネルギー」イコール「心」が根源的に向かう方向は、

「自らの姿を維持する」（できるだけ長生きし、傷つけられれば修復しようとする）
「自らをコピーし増殖する」（細胞分裂を繰り返し、分身を増やす）
「自らの姿の維持と増殖の為の材料を外部から取り入れる」（栄養を摂取する）

という三つという事になるのでしょう。実は私が本書の中で示したい事の一つは、人の「心」も根源的には同じである。という事なのです。そのあたりの事はおいおい述べていきますが、まず、このゾウリムシのような単細胞生物の「心」が、どのように進化していったのかを検証

していきたいと思います。

その前に、ダーウィンが提唱した進化論のメカニズムについて、少しおさらいしたいと思います。ダーウィンは、突然変異と自然淘汰によって、生命は進化すると言っています。

突然変異というのは、現在の科学に当てはめれば、DNAのコピーミスという事になるのでしょう。つまり、先程述べたように、生命は基本的に、自分と同じものを増やそうとします。しかし、時々ミスが生じ、自分とちょっとだけ違うものを増やしてしまうという事です。

自然淘汰というのは、その環境に適した生命は生き残り、適していない生命は死滅するという事です。したがって、コピーミスも結果的に、ミスした生命の方が環境に適していれば、ミスはミスでなくなり、新しい生命として生き残っていき、元の生命は死滅するという事も起こり得るわけです。つまり、生物は、結果として「自らの姿を維持する」「自らをコピーし増殖する」「自らの姿の維持と増殖の為の材料を外部から取り入れる」事に長けた姿、形、能力へと変化していきます。

「自らをコピーし増殖する」事に長けた姿、形、能力になる事が、コピーミスによって起こるというのは、何か矛盾しているようにも思いますが、DNAのコピーミスは、宇宙から降り注ぐ放射線等の影響で、避ける事ができないのだそうです。ですから、ミスという表現自体が間違いで、それが自然の摂理だと考えた方が良いのかもしれません。

いずれにしろ、これを三十五億年繰り返す事で、地球上の生命は、現在の姿になったというのが、進化論のメカニズムです。

ちなみに、ＤＮＡのコピーミスというのは、私達がイメージするよりも頻繁に起きているそうです。もちろん、そのほとんどは、自然淘汰とは無関係な、大勢に影響のないコピーミスという事です。

余談ですが、人のガン細胞というのも、人の体内で起きているＤＮＡのコピーミスによってできるそうですが、このガン細胞は、通常の健康体の人でも、一日当たり五千個くらいはできているのだそうです。もちろん、そのほとんどは、すぐに消えてしまうのですが、消える数よりもできる数の方が多くなると腫瘍となり、ガン発症という事になるわけです。一日当たり五千個という数は、イメージよりもずいぶん多いのではないでしょうか。

それでは、「心の進化」の話に戻したいと思います。単細胞生物は多細胞生物へと進化していくわけですが、その中間に、細胞群体というものがあるそうです。これは、単細胞生物が集合して一つの個体のような集合体を作っている状態です。ようするに、単細胞同士助け合いましょう、という事なのだと思います。そして、多細胞生物になると、細胞同士が役割分担を始めます。消化器になる細胞、皮膚になる細胞、筋肉になる細胞、等々という事です。
しかし、念を押すようですが、「助け合いましょう」だとか「役割分担を始める」等といった表現も比喩的な表現です。あくまでも、「自らの姿を維持する」「自らをコピーし増殖する」「自らの姿の維持と増殖の為の材料を外部から取り入れる」為に、その方が環境に適しており、そのような生物が生き残った、という事なのです。
それから、もう一つ補足するならば、生命誕生のもっとも初期の頃は別として、それ以後は、「自らの姿の維持と増殖の為の材料」（つまり食料）のほとんどは、他の生物だという事です。つまり、生物と生物は、一方で協力し助け合い、もう一方では競争し殺し合うという相矛盾する関係（実は、本書の最終的な結論では、矛盾ではないのですが）を続ける事になるのです。これは、三十五億年たった現在も続いており、その証拠に、私達の毎日の食事は、元をただせばすべて生命です。お米は植物、レタスもきゅうりも植物、鮭やあじは魚類、鶏肉はにわとり、牛肉や豚肉は哺乳類です。私達は､他の生命をいただく事で生きているのです。（食事の前には、「いただきます」とあいさつします）
さて、細胞同士役割分担を始めた頃から、生物は、動物と植物に分かれていきます。動物と植物の最大の違いは、神経細胞があるかないか、そして、神経細胞がある動物は、個体自ら動く事ができるようになったわけです。神経細胞が発達した理由は、外部の状況をより詳細に知る事ができ、それに応じて自ら動く事ができるという事です。もう少し具体的に言うと、今居る環境に、「自らの姿の維持と増殖の為の材料」（栄養）がなければ、それがある場所に移動できる、という事です。

神経細胞がない生物は、基本的には自分が生まれた環境がすべてであり、水の流れや空気の流れ等で偶然移動するか、神経細胞がある生物にくっついて移動するか、あるいは、天候の変化等で環境の方が変化するのを待つかしか環境を変える手段はありません。つまり、神経細胞ができる事で、動物は自ら能動的に環境を「選択」する事ができるようになったわけです。

それからもう一つ、多細胞生物になると「増殖」手段が変わってきます。細胞単位で見れば、単細胞生物と同じように、細胞分裂によって増えるのですが、個体単位の新しい増え方として、雄雌による有性生殖という増え方が加わります。なぜこのような進化をしたのかは、生物学者の間でも諸説あるようです。農業の皆さんは、より甘い果物やより美味しい家畜を作る為に品種改良をしますが、自然界においても、より優れた（農業における「優れた」とは意味が違いますが）個体が生まれるように、このような進化を遂げたのではないかともいわれています。この「増殖」手段の変化も「心」に大きな影響をもたらすのですが、その前に、神経細胞の方に焦点を当てたいと思います。

「心」の原形

神経細胞は進化を重ね、やがてその一部が脳になっていくわけですが、前にも述べたように、脳が私達の「心」を（おおむね）作り出しているわけですから、ここまでくれば、一般的な読者の皆さんの「心」のイメージにもだいぶ近づくのではないでしょうか。

私達の祖先にもっとも近く、脳になる前段階の神経細胞を持つ動物は、ホヤの仲間あたりだそうです。ホヤは海底の岩に固着して生息し、よく植物や貝の仲間と間違えられますが、脊索動物に分類され、脊椎動物とも近い動物だそうです。しかし、ホヤといっても、あまり身近な動物ではないので、ピンとこない方も多いでしょう。そこで、脳になる前段階の神経細胞を持つ動物の代表として、ホヤよりも身近な昆虫を挙げたいと思います。（ホヤや昆虫にも脳はあるとする説もありますが、前述の通り脳の有無の境目は曖昧です）

一般的に「○○とは何か」の説明をしたいが、○○があまりにも複雑で説明が困難な場合、○○の枝葉の部分を削ぎ落し、○○の本質を見えやすくしたりします。「人の心」も大変複雑どのようなものか、簡単には説明できません。そこで、まさに、「人の心」の枝葉を削ぎ落し、本質をむき出しにしたものが「昆虫の心」というわけです。前にも述べたように、昆虫の行動は、人の「反射」に似ているそうです。つまり、外部からの刺激に対し、脳を経由することなく、直接運動神経が反応し、体が動いてしまうというものです。

人の「反射」ではない「通常の反応」は、外部から何らかの情報が入ってきた時、一旦その情報は脳に伝わり、脳で咀嚼され、自らの行動を決定し、脳が命令を発し、運動神経を伝わり、初めて体が動きます。

昆虫の場合は、そもそも脳と呼べるほどの部分がないわけですから、脳で咀嚼される事なく、いきなり行動に直結しているわけです。つまり、外部からの情報に対し、自らの行動はあらかじめ決定しているのと同じという事です。具体例を挙げれば、目の前に、自分の食料と思われるものが現れれば、それに飛びつき食す、という行動があらかじめ決まっていて、Xという情報に対しYという行動が決まっているというわけです。ですから、皆さんもテレビの映像などで見たことがあるかもしれませんが、昆虫は偽物の餌にもすぐに飛びつきます。

ここで、注意する必要があるのが、昆虫にとって「情報」とは、「自分の食料と思われるもの」ではないという事です。何を言っているのかわからないという読者の方も多いでしょう。

たった今言った事を否定しているではないかと思う方も多いでしょう。私が言いたい事は、昆虫にとって、「自分の食料と思われる」という概念がないという事なのです。更に言えば、「情報」という概念すらありません。脳と呼べる場所がないという事は、情報を咀嚼できないわけですから、昆虫にとってみれば、「情報」と呼ぶよりも「信号」と呼ぶべきものだという事です。視覚から入る光の信号、聴覚から入る音の信号、触覚で感じ取る何らかの信号といったものが、私達が言うところの「情報」という事になるのです。

私達は、子供の頃から絵本やアニメ等の影響で、昆虫や人以外の動物を擬人化する事に慣れてしまい、昆虫の「心」も私達の「心」と同じような働きをするような気がしてしまいがちですが、神経細胞の働きや、脳の働きを検証すると、そんな事はあり得ない事がわかります。先に述べた、枯葉そっくりの昆虫を「生き抜く為の作戦」と表現したのも同様です。

つまり、昆虫は、Xという信号が入ってきた時には、Yという行動をするように、あらかじめ決められて生まれてきたという事です。したがって、昆虫の「心」とはXという入力に対しYという出力を決定付ける言わば「数式」のようなものだという事です。

何やら話が変な方向にいっているのでは、と思われる読者の方もいらっしゃるかもしれませんが、決してそんな事はありません。私が言いたい事は、昆虫の「心」は関数のようなものである。という事なのです。

　更にもう一つ例えを挙げるとすれば、パソコンです。皆さん、ちょっと旧式のデスクトップ型のパソコンを思い浮かべてください。パソコンの本体はただの四角い箱です。その箱にはいくつかの穴が開いており、入力端子、出力端子と書かれています。キーボードやマウスは入力端子につなげ、ディスプレイやプリンターは出力端子につなぎます。

　もうおわかりのように、入力端子からキーボードやマウスを通して入ってきた信号は、何らかの法則に従ってディスプレイに表示され、プリンターによって印刷されます。この「何らかの法則」というのは、コンピューター言語なるもので作られているらしいのですが、中身についてはプログラマー等の専門家でないとわかりません。しかし、ここで強調しておきたい事は、

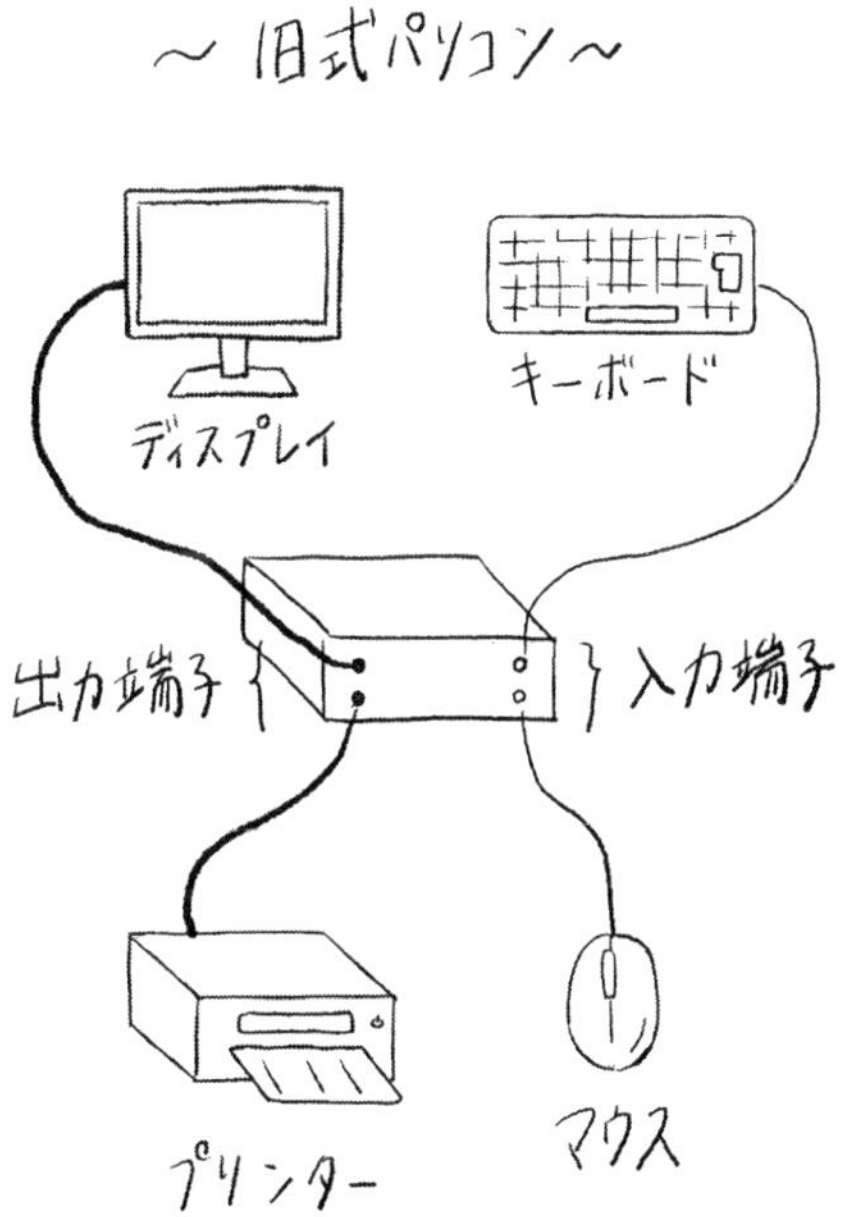

入力される信号も、出力される信号も何の意味も持たない電気信号であるという事なのです。「いや、私はちゃんと意味のある情報を入力し出力もしている」という人もいるでしょう。本当にそうでしょうか。意味を持たせているのはその人自身であって、パソコンにとっては単なる電気の流れでしかありません。「何らかの法則」に従って電気の流れを変えているにすぎないわけです。私が言いたい昆虫の「心」とは、この入力信号から出力信号を決定付ける「何らかの法則」であり、「関数」であり、「数式」であるという事なのです。そして、それが、人の「心」の枝葉の部分を削ぎ落し、本質をむき出しにしたものであるという事なのです。まさに「心の原形」とでも呼ぶべきものです。

「心」の法則

では、「入力信号から出力信号を決定付ける何らかの法則」とはどんな法則なのでしょうか。先程は例え話として「数式」だとか「関数」等と述べましたが、昆虫の心といえども、本当の意味で数式だけで表せるほど単純な法則ではありません。まず、難しい点は、入力信号が、二十四時間三百六十五日あらゆる方向から入り続けており、しかも、光、音、その他、いろいろな種類の信号である事。また、出力信号も二十四時間三百六十五日出続けており、昆虫は常に生命活動を続けているわけですから、どの入力信号とどの出力信号が対応しているかを検証する事が非常に困難であるという事です。

しかし、生命の進化のメカニズムを考えれば、ある程度の法則の方向性はわかります。つまり、これも先に述べた「自らの姿を維持する」「自らをコピーし増殖する」「自らの姿の維持と増殖の為の材料を外部から取り入れる」という方向性です。

例えば、トンボは飛行中に障害物に出くわせば（入力）、それを避けて飛行します（出力）。衝突すれば、自らの姿を傷つける事になり、場合によっては、死を招き、「自らの姿を維持」できなくなる可能性があります。オスのカブトムシは、メスのカブトムシに出くわすと（入力）、キュウキュウと鳴き、羽の根元からフェロモンを出し、背後からかぶさる様に乗り交尾しようとします（出力）。つまり、有性生殖により、「自らをコピーし増殖」しようとします。しかし、メスは、より優れた子孫（コピー）を残す為、優れたオスだけのアプローチを受け入れます（出力）。カマキリは、目の前に食料であるバッタが現れれば（入力）、これを捕食し消化する（出力）事で「自らの姿の維持と増殖の為の材料を外部から取り入れ」ます。

しかし、ここでも、何度もしつこいようですが、飛行中のトンボにとって、目の前に現れた物が、障害物であるという概念はありません。オスのカブトムシにとって、メスのカブトムシは交尾の相手であるという概念も、自らをコピーし増殖する為の対象であるという概念もありません。カマキリにとって、目の前に現れたバッタが食料であるという概念もありません。すべて、光や音、あるいはフェロモン等の単なる信号でしかありません。そして、その信号に対する出力信号、つまり、昆虫の行動のみならず生命活動のすべては、あらかじめ決められて生まれてきており、決められたとおりの行動、生命活動をしているだけです。その出力を決定付ける法則は「自らの姿を維持する」「自らをコピーし増殖する」「自らの姿の維持と増殖の為の材料を外部から取り入れる」という三つの目的に沿ったものになっているわけです。というよりも、そのような法則を持って生まれた昆虫が自然淘汰の網を抜け、生き残ってきたという事であり、すべての昆虫が、そのような法則の「心」を持っているという事です。そして、その「心」が人の心の本質でもあるわけです。

神経細胞から脳へ

昆虫は入力信号に対し、出力信号があらかじめ決められて生まれてきました。したがって、目の前に食料だと思われるものが現れれば、飛びついて食します。何度も言うように、食料という概念も食べるという概念もなく、どちらも単なる信号です。ですから、昆虫は偽物の食料にもすぐに騙され、飛びつきます。そして、騙すことを前提に出力信号が決められて生まれてくる昆虫もいます。しつこいようですが、昆虫には、騙すという概念もありません。

そして、これは、昆虫だけの話ではなく、人の祖先に近いホヤ等のまだ脳と呼べる程の部分のない神経細胞の生き物はすべて同様です。

進化の過程において、脳と呼べる物が登場するのは、おおよそ脊椎動物から、つまり、魚類が登場する頃からです。そして、魚類、両生類、爬虫類、哺乳類と進化して行く過程で、脳はより大きく、より高性能へと進化していきます。

では、なぜ生物は脳ができるという方向へ進化していったのでしょうか。もうおわかりの様にその方が、「自らの姿を維持する」「自らをコピーし増殖する」「自らの姿の維持と増殖の為の材料を外部から取り入れる」事に長けているからであり、都合が良いからです。

昆虫は、入力信号に対し出力信号があらかじめ決められて生まれてきていますから、偽物の食料にもすぐに飛びつき、騙されてしまいます。しかし、一度騙された事を記憶できれば、二度目には騙されずに済むかもしれません。その為には、一度目の体験を記憶して、二度目の入力信号の時に、記憶を呼び起こす事ができるようにならなければなりません。それができるのが脳です。ですから、脳がある生物は、外部からの入力信号を一旦脳に伝え過去の記憶等と照らし合わせてから行動を決定し、命令を発し（出力信号）体を動かします。

脳ができる事で、過去を記憶する事や未来を予測する事、そして、それらと今入ってきた入力信号とを照らし合わせ、最良の出力信号を選択できるようになったわけです。もちろん、魚類、両生類、爬虫類、哺乳類では、脳の大きさも違いますし、記憶できる容量も予測できる範囲もまったく違います。ましてや人の脳は格段の差がありますから、その働きを一言で表す事は大変困難ではありますが、主要な働きは、「過去の記憶」と「未来の予測」という事になるのでしょう。

それから、ここでも、念の為付け加えれば、入力信号が入ってきた段階では、昆虫の時と同じように、やはり、あくまでも「光」や「音」の信号です。視覚、聴覚、嗅覚、味覚、触覚といった五感で「信号」を感じ取っているわけですが、その「信号」を「情報」に転化しているのは、脳であるという事です。つまり、目の前に食料と思われる物が現れた時に入ってきた信号は、この段階では、「食料と思われる物」ではなく、単なる「信号」であり、この「信号」が脳に伝わり、過去の記憶と照らし合わせ、咀嚼され、ここで初めて「食料と思われる物」という「情報」に転化するという事です。

このプロセスは、脳の大きさや性能にかかわらず同じなのですが、やはり、魚類と人では、「信号」から「情報」への昇華の程度が大きく違います。魚類の程度では、まだ偽物の食料に飛びついてしまいます。だからルアーフィッシングが成立するのでしょう。

しかし、私がここで述べたい事がもう一つあります。進化の過程で脳ができたもっとも大きな意味は、脳ができる事で、生物が「ワタシ」の概念を持つようになったという事ではないかと思うのです。

つまり、昆虫は、偽物の食料にすぐ飛びつきますが、いくら過去の記憶があっても、未来を予測できても、それらを照らし合わせ、飛びつくべきか否かを判断する「ワタシ」という概念がなければ、何の意味も持ちません。昆虫は、飛びつくことがあらかじめ決められて生まれてきたわけですが、脳ができる事で個体毎に「ワタシ」の概念ができ、飛びつくか飛びつかないかの判断を「ワタシ」が選べるようになったわけです。

これにより、騙される確率はかなり減ってくるわけですが、この「ワタシ」の概念ができる事で、生物は「個体」を一つの単位として、「ワタシ」と「ワタシでないもの」を明確に分けるようになり、単細胞から多細胞への進化の際に述べた「協力」と「競争」の矛盾は、個体単位でも同様に抱える事になるわけです。つまり、個体同士は、時に群れを成し、協力し合って生活したかと思えば、時には、食料や縄張りを争ったりします。また、「自らの姿を維持する」「自らをコピーし増殖する」「自らの姿の維持と増殖の為の材料を外部から取り入れる」事の「自ら」イコール「ワタシ」イコール「個体」として生命活動をするようになり、「ワタシでないもの」が味方か敵かをはっきり意識するようになります。「自らの姿の維持と増殖の為の材料」は、「ワタシでないもの」の生命という事になり、時には殺し合いにもなります。

しかし、脳が「ワタシ」を作り出す事が結果として「自らの姿を維持する」「自らをコピーし増殖する」「自らの姿の維持と増殖の為の材料を外部から取り入れる」事に長けているという事であり、言い換えれば、そのような生物が、自然淘汰の網をすり抜け生き残ってきたという事です。

「ワタシ」の範囲

ところで、皆さんは「ワタシ」の範囲はどこまでか考えた事はあるでしょうか。また、わけのわからない事を言い出した、と思っていらっしゃる方も多いと思います。ほとんどの方は、あたりまえのように、「ワタシ」は、個体である肉体の全部であり、頭の先から足の先まであり、何の疑問も持たずに日常的に「ワタシ」という言葉を使っていると思います。

例えば、「ワタシは今日、床屋さんへ髪の毛を切りに行った。」「ワタシはカフェで、パンケーキを食べた。」「ワタシは毎朝ヨーグルトを食べる。」等々。頭だけ取り外して床屋さんに宅配便で送る人はいないでしょうし、口と胃だけカフェに置いて食事をさせ、その間買い物をする人もいないでしょう。

しかし、皆さん、「ワタシ」の範囲について細部を精査してみてください。以外に「ワタシ」の範囲は曖昧である事に気付くはずです。

床屋さんで切った髪の毛は、はさみで切る瞬間まで「ワタシ」の範囲内でしたが、直後に「ワタシ」ではなくなります。いや、切らなくても、髪の毛は自然に抜けますから、頭皮から抜けるか抜けないかの毛は「ワタシ」の範囲の内か外か微妙です。

カフェで食べたパンケーキは、口に入れた瞬間に「ワタシ」になるのでしょうか、胃の中に入ると「ワタシ」になるのでしょうか、完全に消化、吸収され、肉体の一部になって初めて「ワタシ」になるのでしょうか。

ヨーグルトには、乳酸菌というものが入っていますが、生物学的には、乳酸菌は人とは別の生物です。しかし、人の腸の中には、常に乳酸菌をはじめいろいろな細菌が生息しています。

中でも乳酸菌のような善玉菌は、人にとってなくてはならないもので、そこに居てもらわないと困るものです。この常に腸の中に居る細菌は「ワタシ」の範囲なのでしょうか。※12

人の細胞の中のミトコンドリアは、大昔、（乳酸菌のように）別の生物だったそうです。いつのまにか、「ワタシ」の細胞の一部になってしまいました。

また、皆さんは、毎日のようにお風呂に入って体を洗うと思いますが、その時に洗い流す垢のほとんどは、「ワタシ」の死んだ細胞です。「ワタシ」の細胞は、常に細胞分裂し、新しい細胞を生み出します。「ワタシ」と「ワタシでないもの」の境目は毎日お風呂で洗い流されているのです。

一説では、人の細胞、あるいはそれを構成する分子は、数年ですべて入れ替わるそうです。だとすれば、数年前の「ワタシ」と今の「ワタシ」は、別の物質という事になります。こう考えていくと、「ワタシ」の範囲は、案外曖昧である事がわかると思います。

つまり、「ワタシ」という概念は、脳が作り出した一つのイメージであり、脳が作り出すイメージというのは、度々真実ではない事があります。皆さんも、だまし絵やトリックアート等を見たことがあると思いますが、長さが違うと思った二本の線が、実は同じ長さであったり、立体的に見えた物が、実は平面図だったり、と脳が作り出すイメージは真実とは限りません。これは、一種の「錯覚」なのですが、「ワタシ」の範囲も実は「錯覚」なのかもしれません。

例えば、昆虫には、まだ、脳と呼べる程の部分がないわけですから、「ワタシ」の概念も持っていないでしょう。蟻や蜂の仲間は、コロニーを作り、個体毎に女王蟻（蜂）、雄蟻（蜂）、兵隊蟻（蜂）、働き蟻（蜂）等の役割分担をしています。

働き蟻は生殖能力を持っていませんから、もし、一個体を一単位で考えた場合、「自らをコピーし増殖する」事ができない事になり、今まで説明してきた進化の方向性と矛盾する事になってしまいます。

ある種の蟻の中には、生殖能力がないだけでなく、死ぬまで同じ場所に留まり、女王蟻の食料タンクの役割だけをする蟻もいます。もし、この蟻に「ワタシ」の概念があるとすれば、「こんな生活嫌だ」と反乱を起こし、脱走するかもしれません。

つまり、蟻や蜂の仲間にとっての「ワタシ」は、コロニー全体が一つの単位なのかもしれません。そう考えれば、「自らの姿を維持する」「自らをコピーし増殖する」「自らの姿の維持と増殖の為の材料を外部から取り入れる」事に長けた姿、形、能力という方向に進化するという今までの説明とも矛盾しません。

また、少し、考え方の視点を変えてみれば、人の体も約六十兆個の細胞でできているわけですから、六十兆個の単細胞生物が役割分担をして人の個体を構成しているといえなくもありません。もし、仮に一つの細胞毎に「ワタシ」の概念があったとすれば、「ワタシは短命な皮膚の細胞より長生きできる心臓の細胞になりたい」等と細胞同士の争いが起きていたかもしれません。

ようするに、私が言いたい事は、皆さんが抱いている「ワタシ」のイメージは必ずしも真実とは限らないという事です。この「ワタシ」の範囲については、後で述べる事の重要な要素になりますので、記憶に留めて置いてください。

遺伝子Ａの策略

ここで、突然ですが、私の考えに大きな影響を与えた一冊の本を紹介したいと思います。あまりにも有名な本なので、ご存知の方も多いと思います。それは、リチャード・ドーキンス著[※13]「利己的な遺伝子」です。「人を含めた生物の個体は、利己的な遺伝子が自らのコピーを残す為に作り出した乗り物に過ぎない。」という考え方に基づいて、実際の生物の利己的な行動、利他的な行動を検証していくといったような内容なのですが、ＳＦ小説の類ではなく、著名な生

物学者が著した本です。※14

もちろん、「生物の個体は、利己的な遺伝子の乗り物」という表現は比喩的な表現ですが、生物の進化の本質を見事に表現した、まさに「言い得て妙」といった表現ではないでしょうか。もし、比喩的な表現を使わずに、この事を説明するならば、「結果として、利己的な行動をとる生物が、自然淘汰の網をすり抜け生き残っている。」という事になるのでしょう。（「網をすり抜け」という表現も比喩的かもしれませんが）また、更に付け加えれば、「一見利他的な行動（自己犠牲的行動）をとる生物個体も、その行動の実体は、同じ遺伝子を持つ個体を助ける為の行動であり、遺伝子単位で見れば、利己的な行動である。」という事でしょうか。もうおわかりの様に、「生物の個体は、利己的な遺伝子の乗り物」という比喩は、「生物の個体」や「生物の種」等の生物側からの視点ではなく、遺伝子側からの視点による表現なのです。遺伝子を擬人化した表現ともいえます。この遺伝子を擬人化した表現を本書でもぜひ採用させていただこうと思います。

本書のこれまでの記述でも、度々「結果として○○のような生物が自然淘汰の網をすり抜け生き残ってきた」という表現が出てきますが、これを、遺伝子を擬人化した表現を使えば、進化の本質を、回りくどくなく端的に表現できるのではないでしょうか。そこで、今までのおさらいを兼ねて、脳ができるまでのプロセスを、遺伝子Aを主人公にした物語に変えて表現してみたいと思います。（「人」まで進化させた特定の遺伝子を「遺伝子A」と仮定しました。ただし、この「遺伝子A」は、ドーキンス氏が指摘する「利己的な遺伝子」の事を意味しているわけではありません。）

遺伝子Aは、この世界に永遠に存在し続けたいと考えた。しかし、この世界に永遠なる物は何一つ存在しなかった。そこで、「細胞」という乗り物を作り、「生命エネルギー」イコール「心」を利用し、「自らの姿を維持する」「自らをコピーし増殖する」「自らの姿の維持と増殖の為の材料を外部から取り入れる」という方向へ向かわせた。「細胞」は永遠ではなかったが、一つの「細胞」が壊れる頃には、多くのコピー細胞ができ上がっていた。遺伝子Aは乗り物を乗り換える事で「永遠」を手に入れようとした。コピー細胞もやがて壊れてしまうが、遺伝子Aは、細胞同士を協力させたり、競争させたりする事で進化を促し、乗り物の姿、形を変えていった。「細胞」は、多種多様な「生物」という高性能な乗り物に変化していった。どんなに高性能な乗り物に変化しても、やはり、やがては壊れてしまう。遺伝子Aは多くの乗り物を作り、分身を増やし、乗り物が壊れても自らはこの世界に残れるようにした。ある時、遺伝子Aは、乗り物をより高性能にする為に、「神経」を作った。「生物」の一部は「動物」になり、この世界を自由に動けるようになった。遺伝子Aは更に乗り物を高性能にする為に、「脳」を作った。「動物」の一部は「脊椎動物」になり、「ワタシ」の概念を持つようになった。遺伝子Aは、乗り物に「ワタシ」イコール「個体」というイメージを定着させる事で、個体単位の協力と競争を促し、更に乗り物を高性能化しようとしている。そして、少なくともここまでの遺伝子Aの「永遠」を手に入れようとする策略は、成功しているといえる。

こんな感じでしょうか。本質をついたわかりやすい表現になったのではないでしょうか。この後の本文の中でも、度々「遺伝子A」を登場させたいと思います。

感情とは

「心」の進化の話に戻したいと思います。脊椎動物の段階で脳ができ、「ワタシ」の概念を持つようになった「生物の心」は、いよいよ「人の心」へと進化して行くわけですが、「魚類の心」から「人の心」までの間のもっとも大きな変化は、どんなところでしょうか。それは、「感情」

ではないでしょうか。

実際の魚類、両生類、爬虫類、哺乳類の行動を観察しても、魚類の行動は、あまり、「感情」があるようには見えません。両生類、爬虫類あたりも、「感情」があったとしても、かなり薄弱なものでしょう。哺乳類になって初めて、「感情」がありそうな行動をしますが、それでも、人の感情とその他の哺乳類の感情ではかなりの差があるように思います。また、「心」を狭義に定義した場合は、「心」イコール「感情」と考える人も多いでしょう。

では、「感情」とはいったい何でしょうか。まず、「感情」に分類される心の中の状態を無作為に挙げてみたいと思います。

「喜び」「怒り」「哀しみ」「楽しみ」「歓喜」「激怒」「苦しみ」「恐怖心」「嫉妬心」「安心感」「不安感」「好き」「嫌い」「暑い」「寒い」「暖かい」「涼しい」「空腹感」「満腹感」「悔しい」「妬ましい」「痛い」「痒い」「美味しい」「まずい」「臭い」「嫌悪感」「気持ちいい」「気持ち悪い」「達成感」「優越感」「劣等感」「罪悪感」「爽快感」「快感」「不快感」「興奮」「焦燥感」「疲労感」等々、まだまだ挙げればきりがないと思います。そして、本書のテーマでもある「幸福感」も感情に含まれるでしょう。

ここで一つ注意が必要なのが、「痛い」「暑い」「寒い」等は「感情」ではないのでは？　という点です。日常会話では「痛い」という言葉を「感情」の一種として使ってはいないと思います。例えば、うっかり、包丁で指を切ったとします。私達は、「指が切れた」という事実と「痛い」という感覚は、当然の様に「イコール」であるかのように思っていますが、よく考えてみると、「指が切れた」という事実は「痛い」とは直接的関係はない事に気付くはずです。皆さんも経験があると思いますが、打撲の跡（あざ）や小さな傷跡を、それが付いた瞬間ではなく、後になって気付いたというような事があります。あるいは、転んだ瞬間は平気な顔をしていたのに、傷を見た瞬間に「痛い」と言って泣き出してしまう子供もいます。つまり、「痛い」という感覚は、脳の中で湧き起る「感情」の一種なのです。

余談ですが、ＳＦアニメか何かで、痛みを感じない兵士を作り戦わせるという話がありましたが、痛みを感じない兵士は、腕がもげても、全身血だらけでも、完全に息が絶えるまで敵に向かって戦いを挑んでいました。恐ろしい話ですが、理論上あり得ない話ではありません。

それともう一つ、人の感情というものは、繊細に微妙な違いを感じ分けている事がわかります。例えば、「うれしい」という感情と「楽しい」という感情は、両方ともポジティブな感情である事には変わりないのですが、「うれしい」は賞を受賞した時や、プレゼントをもらった時等、どちらかというと、自分は静止している状態、受け身的状態の時のポジティブな感情であり、「楽しい」は、スポーツやゲームをしている時等、どちらかというと、自らの能動的行動が伴った状態のポジティブな感情という違いがあります。

あるいは、「怒り」の感情でも、少しだけ「イラッ」とする程度の「怒り」からその対象をぶち壊したくなるような激しい「怒り」まで、「怒り」の程度はまるでテレビのボリュームのレベルのように細かく分かれています。

しかし、これほどまで繊細に細分化された感情を持っているのは、おそらく「人」だけでしょう。その他の哺乳類にもある程度の感情はありそうですが、ここまで、繊細なものではないでしょう。先程の比喩的な言い方を使えば、これも遺伝子Aの仕業という事になるのですが、遺伝子Aはなぜこのような繊細な感情を作ったのでしょうか。

私が思うに、ここまで繊細なものになってしまったのは、ある種の副産物だと思うのです。遺伝子Aが、生物に最初に作った「感情」というものは、大雑把に「肯定的（ポジティブ）感情」と「否定的（ネガティブ）感情」の二種類だけだったのではないでしょうか。いや、最初は「否定的（ネガティブ）感情」だけで、それが解消された時に結果として「肯定的（ポジティブ）感情」が生まれたのでしょう。つまり、最もベースとなる「感情」は「痛い」「暑い」「寒い」「苦しい」等の「苦しみ」を伴う「否定的（ネガティブ）感情」という事になるのだと思います。

人の感情のほとんどは「悲しい」と「うれしい」や「苦しみ」と「喜び」のように二対対称の関係にあり、ネガティブな感情が解消された時に、ポジティブな感情が生まれます。おそらく、人の感情は進化の過程で、二種類の感情が枝分かれして細分化していったのではないでしょうか。

余談ですが、「笑う」という感情表現をするのは、動物の中で「人」だけだそうです。もちろん、他の哺乳類等も、食料を獲得した時等に、「うれしい」等といった「肯定的（ポジティブ）感情」は湧いているのかもしれませんが、「笑う」という表現は見えません。この事実からも、進化の過程において「肯定的（ポジティブ）感情」は「否定的（ネガティブ）感情」よりも後発的である事が推測できます。

では、なぜ遺伝子Aは最初に「否定的（ネガティブ）感情」を作ったのでしょうか。感情ができる前の生物は、脳ができる事で「ワタシ」の概念ができ、また、過去の記憶と未来の予測もできるようになりました。外から入力された「信号」を「情報」に転化し、「ワタシ」が次の出力（行動）を決定するようになりました。

これにより、偽物の食料に飛びつく確率は確実に減ったのですが、今度は、逆に偽物のような本物にも飛びつかなくなったりもします。つまり、その生物の周りの環境は、多様に変化しますし、他の生物も、生き抜く為に、多様に進化します。そんな中で、一度失敗したからといってその記憶を頼りに、二度目も三度目も食料に飛びつかなければ、本物の食料も逃がしてしまう事になります。

そこで、遺伝子Aは、外からの「信号」とは別に脳の中で「ワタシ」へメッセージを送るシステムを作りました。それが「感情」というものです。もう少し具体的にいえば、その生物の「ワタシ」が、「空腹感」というネガティブな感情を感じていれば、このネガティブな感情を解消する為に、過去に一度失敗していても、また失敗するかもしれないというリスクがあっても、それでも尚食料と思われるものに飛びつくかもしれません。つまり、ネガティブな感情というのは、遺伝子Aが「ワタシ」に対し「自らの姿を維持する」「自らをコピーし増殖する」「自らの姿の維持と増殖の為の材料を外部から取り入れる」為の行動をするように促すメッセージというわけです。あるいは、「ワタシ」がそのような行動をしない時に出す「警告」といっても良いかもしれません。そして、食料を獲得する等の成果が出ると、「満腹感」等の「ポジティブな感情」というメッセージの「ご褒美」を送るわけです。別の言い方をすれば、遺伝子Aは、飴と鞭を使って「ワタシ」を突き動かしているのです。ネガティブな感情が鞭、ポジティブな感情が飴というわけです。あくまでも、出力（行動）を決定するのは「ワタシ」なのですが、遺伝子Aは、間接的に「ワタシ」を操作しているのです。

第一章で述べたように、「感情」というものは、「意思」とは違い、どこか別の所からやって来るような、心の奥の方から湧き上がってくるような、そんな感じがするものです。なぜかと言えば、脳の中の「ワタシ」以外から来るメッセージだからなのです。

しかし、なぜ遺伝子Aは、そんな回りくどい事をするのでしょうか。「昆虫の心」のように、生まれた時から入力に対する出力が決定していれば、「ワタシ」の概念も「感情」も必要なく、遺伝子Aは、生物の行動を支配できたはずです。

それは、おそらく遺伝子Aにも、生物がどのような出力（行動）をするべきか、「正解」がわからなくなってきたのではないでしょうか。

生物は、多種多様に進化を重ね、騙す生物が現れたかと思えば、その騙す生物をまた騙す生物が現れ、その生物を更に騙す生物が現れたりすれば、入力信号に対する出力信号が決まっていたのでは、もはや正解のない問題を永遠に解き続けているようなものです。

そこで、遺伝子Aは、「個体」イコール「ワタシ」のイメージを定着させ、出力（行動）の決定を「ワタシ」に選択させる事で、自ら「正解」を導き出さなくても良いようにし、その代り、「感情」というメッセージにより、間接的に「ワタシ」に影響を与えるシステムを作り上げたのでしょう。そうすれば、出力（行動）には個体差が出てきます。「空腹感」というメッセージがあっても、騙される危険性が高いという判断をすれば、食料に飛びつかない個体もいるでしょうし、「空腹感」の解消を優先し、危険を承知で飛びつく個体もいるでしょう。

また、遺伝子Aが矛盾する感情でメッセージを送る事もあるでしょう。「空腹感」と同時に「恐怖心」があれば、それは、「危険を伴う」というメッセージですし、「疲労感」があれば、「今は、食料よりも体を休めるべき」というメッセージです。近くに同じ食料を狙うライバルがいれば、「焦燥感」も湧いてくるでしょう。

これらの矛盾するメッセージの中で「ワタシ」が出力（行動）を選択すれば、必然的に出力（行動）には個体差が生じます。これで、遺伝子Aが「正解」を導き出さなくても、「正解」の出力（行動）を選択した個体が結果として生き残り、遺伝子Aの高性能な乗り物となるわけです。つまり、個体同士を競争させ、更なる進化を促すシステムともいえます。そして、もうおわかりのように、「正解」や「高性能」とは、「自らの姿を維持する」「自らをコピーし増殖する」「自らの姿の維持と増殖の為の材料を外部から取り入れる」という目的に沿った「正解」であり、「高性能」であるという事です。

人の心

さて、生物の進化の話も、そもそもの目的である「人の心」まで到達しました。ここまで来ると、使用する言葉や言い回しも「人」に適したものに変えた方が、よりわかりやすくなると思いますので、ここで、「人」向けの言葉に変えてみたいと思います。しかし、あくまでも、表現を変えるだけで、言わんとする本質は、変わりませんので、その点は念を押しておきたいたいと思います。

「生命エネルギー」イコール「心」が向かう方向は、

「自らの姿を維持する」
「自らをコピーし増殖する」
「自らの姿の維持と増殖の為の材料を外部から取り入れる」

という事でしたが、この表現を「人」向けに変えてみましょう。「自らの姿を維持する」は、「危険を避け、健康を保ち、できるだけ長生きしようとする欲求」、「自らをコピーし増殖する」は、「異性と性行為をし、子孫を増やそうとする欲求」、「自らの姿の維持と増殖の為の材料を外部から取り入れる」は、「食料を食べる事で、栄養を摂取しようとする欲求」という事になります。更に、もっと端的に表現すれば、

「存在欲（生存欲）」
「性欲」
「食欲」

という事になるのでしょう。つまり、基本的に人は「存在欲」「性欲」「食欲」が満たされない時に、「苦しみ」等のネガティブな感情を感じます。というよりも、このネガティブな感情が常にベースにあり、ネガティブな感情を解消する為に、「存在欲」「性欲」「食欲」を満たす為の行動を取ろうとするわけです。そして、満たされた時に「幸福感」等のポジティブな感情を感じるのですが、このポジティブな感情は一時的なもので、またすぐにネガティブなものに変わってしまいます。ネガティブな感情がより深刻なものであったり、長時間であったりすると、それが解消された時のポジティブな感情もより大きなものに感じます。中には、大きな「幸

福感」を得たいが為に、わざわざ大きな「苦しみ」を経験しようとする人もいます。登山家やマラソンランナーに多いかもしれません。

あれ？　ここ数行の言い回し、読み覚えがある。と思った読者の方も多いと思います。そうです、第一章の「相対的幸福感」の説明の際の言い回しと同じです。つまり、「相対的幸福感」とは、「存在欲」「性欲」「食欲」が満たされた瞬間にだけ味わえる、遺伝子Aからのご褒美ともいえるわけです。しかし、第一章でも述べたように、これは一種の錯覚であり、真の幸福とは言えないものです。別の言い方をすれば、遺伝子Aの策略にはめられた幸福感、あるいは、遺伝子Aの「飴と鞭」の「飴」とも言えるわけです。

第一章では、厳しい修行をするお坊さんの例も挙げましたが、お釈迦様は「初転法輪」の中で、「人生とは苦しみである」と述べ、「苦しみの原因は欲である」と述べています。まさに、本書の中で述べてきた事と合致します。

遺伝子Aは最初に「苦しみ」等のネガティブな感情で「ワタシ」を操作し、「存在欲」「性欲」「食欲」を満たそうとする行動を促します。つまり、「苦しみの原因は欲である」という事です。

しかし、ちょっと待ってください。「欲」と言っても、「存在欲」「性欲」「食欲」だけではないでしょう。「金銭欲」「名誉欲」「出世欲」等も人にとって大きな欲です。お釈迦様の言う「欲」

と「存在欲」「性欲」「食欲」とは必ずしも一致しないのでは？　と考える方もいるかもしれません。この疑問に対する答えは、より本質的であるかどうかという点にあります。

「金銭欲」「名誉欲」「出世欲」は、他の生物にはありません。「猫に小判」ということわざがあるように、他の生物には、「存在欲」「性欲」「食欲」しかありません。では、なぜ人には「金銭欲」「名誉欲」「出世欲」等があるのでしょう。それは、人の「想像力」に起因します。

生物は、脊椎動物になり、脳ができ、「ワタシ」の概念ができると同時に、過去の記憶と未来の予測ができるようになりました。魚類から人になるまでの間に、過去の記憶の容量も、未来の予測の程度も格段に大きくなり、いずれについても、人独特の様相を見せるようになります。過去の記憶や未来の予測は、単純な時間軸上の事実の記憶や予測だけではなく、「想像」や「創造」と呼ばれるものまでイメージできるようになったわけです。

つまり、「金銭」は、何にでも交換できるものとして、人類が「創造」し生み出したものですし、大金を手にすれば、高レベルの医療も質のいい健康器具も得られますし、異性に高額なプレゼントをすれば、口説き落とせる確率も上がるでしょう。高級な栄養満点の食料も手に入ります。人はこの様な事を瞬時に「想像」する事ができ、「金銭」を得る事は、イコール「存在欲」「性欲」「食欲」を満たす事であると即座にイメージできるわけです。「名誉」や「出世」についても同じ事がいえます。つまり、「金銭欲」「名誉欲」「出世欲」よりも「存在欲」「性欲」「食欲」の方がより本質的な「欲」であるという事なのです。

また、他の生物で、登山家やマラソンランナーのようにわざわざ自ら進んで大きな「苦しみ」を経験しようとする生物はいません。なぜ人だけがこのような行動を取るのでしょうか。これも、人の「想像力」がなせる技です。つまり、大きな「苦しみ」が解消された瞬間に、大きな「幸福感」が得られる事を人のみが想像できるわけです。

過去の記憶においても「想像力」は働くようになります。おそらく、人以外の哺乳類程度の記憶力では、時間軸における過去において、自分が経験した事実とその時に感じた感情くらいのものでしょう。つまり、その事で今目の前で起きている事が、「存在欲」「性欲」「食欲」を満たすか否かを判断する材料にしているわけです。

ところが、人の場合は、自分が経験した事実だけではなく、もしその時に、自分が別の選択をしていた場合、現在どうなっていたかなどという事を想像したりします。それも、一通りだけではなく、何通りもの選択肢を想像したりします。そこから「後悔」という感情が生まれたりもします。もちろん、このような「想像力」によって、似たような場面に遭遇した際には、同じような失敗を繰り返さないようになるわけですから、まさに、他の生物よりも人が優秀である証ともいえるわけです。

しかし、この「想像力」というものは、「諸刃の剣」とでもいうような側面を見せ始めます。つまり、人の心の優れた部分であると同時に、人独特の「心の病」までも生み出す事になってしまうのです。

想像力は諸刃の剣

「想像力」という言葉を聞けば、たいていの方はポジティブな印象を受けると思います。もちろん、人類が今まで築き上げてきた文明や科学技術等、他の生物との格段の差をもたらしたもっとも大きな要因は、この「想像力」に起因すると言っても過言ではないでしょう。言語や文字を生み出したのも想像力の賜物でしょうし、飛行機で空を飛べるようになったのも、月面に立つことができたのも、人類の想像力がもたらしたのでしょう。

しかし、「想像力」はこのようなプラス面だけでなく、人独特のマイナス面も作り出してしまったのです。

他の哺乳類の場合、遺伝子Aからのメッセージである「感情」もかなり単純明快なものでしょう。五感を通し、外から入った信号（光、音、におい、味、感触）は脳に伝わり、過去の記憶と未来の予測と照らし合わされ、咀嚼され「情報」に転化されるわけですが、「情報」が「存在欲」「性欲」「食欲」を満たす方向であれば、ポジティブな感情、そうでなければネガティブな感情が湧いてきます。ネガティブな感情が湧いた場合、それを解消する為、「存在欲」「性欲」「食欲」を満たすような行動を取ろうとします。他の哺乳類にとっては、「信号」→「情報」→「感情」→「行動」の道筋は個体によって若干の差が生じたとしても、おおよそ同じような道筋をたどるでしょう。

しかし、人の場合、過去の記憶においても未来の予測においても「想像力」が働くことで、どのような「情報」に転化されるかが大きく違ってきます。つまり、一見「存在欲」「性欲」「食欲」とは無関係と思われる「信号」を「存在欲」「性欲」「食欲」に結びつけた「情報」に転化する事もあれば、また、その逆もあるでしょう。あるいは、現実には起きていない事、起きそうもない事まで何通りもの事を想像し、また、これらに伴いいくつもの「感情」が同時に発生し、更に複雑に絡み合う事で、前に述べた繊細で細分化されたものになり、「感情」の個体差も大きくなるわけです。また、「行動」を決定する際も、何通りもの「感情」が複雑に絡み合う事で、決断できなくなる事も、間違った決断をしてしまう事もあるでしょう。ようするに、「想像力」

は人の心を複雑怪奇なものにしてしまい、「ワタシ」の判断を狂わせる原因になってしまうわけです。

もう少し具体的な例でお話しましょう。目の前のテーブルに豚生姜焼き定食が置かれていたとしましょう。豚生姜焼き定食の姿、形が目から入り、焼き立ての肉の油の音が聞こえ、生姜の香りもします。まだ食べてないので味はしませんが、熱々の湯気が肌に当たる感じも伝わってきます。これらの信号は､脳に伝わり､すぐさま過去の記憶等から､「食料である」という「情報」に転化されます。他の哺乳類であれば、おそらくこの程度の情報転化で終わるのでしょうが、人の脳はこの程度では終わりません。

肉はタンパク質と脂質である事、生姜は体を温める作用がある事、横に添えられた生野菜には、繊維質とビタミンが含まれる事、味噌汁は発酵食品であり、腸に良い効果をもたらす事、白米は炭水化物でエネルギーになる事等の知識を呼び起こし、これを食べた時の口の中に広がる香ばしい味を想像し、その後の満腹感を予測し、健康な体を想像したりします。この程度の情報転化は瞬時に行いますが、人の心はこんなものではありません。

過去に食べた豚生姜焼き定食で大変まずいものを食べてしまった事、過去に食べ過ぎで苦しくなり胃腸薬を飲んだ事、太り過ぎで同級生から「デブ」と苛められた事、彼女（彼氏）に食べ方が汚いと指摘された事等を思い起こし、あの時豚生姜焼き定食を食べなければ、今はもっと痩せていただろうとか、あの時苛められなかったら人生変わっていただろう、等と想像したりします。

未来についても、まずいかも、腐っているかも、毒が入っているかも、熱すぎて舌を火傷するかも、後で奥さんの手料理が食べられなくなる、来週の健康診断でメタボリックと言われそう等と想像したりします。

あるいは、過去に美味しい豚生姜焼き定食を食べた事、豚生姜焼き定食を食べた後に受験に合格した事、生姜のおかげで風邪が治った事等を思い出し、食べた後の美味しさだけでなく、自分で作る時の良いアイデアが浮かんだり、自分で定食屋を開業し成功する事まで想像するかもしれません。

たかが豚生姜焼き定食を目の前にしただけで、そこまでの事は考えないという人も多いでしょう。確かに意識レベルでは、そこまでの事は考えていないと思います。しかし、私が言っているのは、無意識レベルを含めた話です。無意識については後でもう少し詳しくお話しますが、ようするに、人の心は意識するしないにかかわらず、勝手に想像を膨らませているという事なのです。

そして、いろいろな事を想像する度に、それに伴って「感情」が湧き、その「感情」は複雑に絡み合い、繊細で細分化されたものになります。この複雑で繊細な「感情」が「ワタシ」の判断を狂わせ、間違った「行動」を決断してしまう事もあります。

また、時には、心理学で言うところの「欲求の代替」が起こったりもします。「振られた腹いせにやけ食い」等は、その代表でしょう。

この「欲求の代替」というものは、人独特の現象ですが、これも、「想像力」に起因しているのだと思います。また、「欲求の代替」は本人が気付いているいないにかかわらず、誰にでも頻繁に起きている現象で、深刻な場合には、それが「心の病」の原因にもなっているようです。「振られた腹いせにやけ食い」が過食症や拒食症にまでなってしまう場合もあります。

つまり、人の最も本質的な欲求は、「存在欲」「性欲」「食欲」なのですが、これらが満たされない時に別のもので代替しようとする心の働きです。先程の「金銭欲」「名誉欲」「出世欲」等も「欲求の代替」の一種と考えても良いかもしれません。

子供の頃、親からの愛情が不足して大人になった人は、異常に「金儲け」に執着したりする事があるそうです。本書の考え方で言えば、「親からの愛情」は「存在欲」を満たすものです。しかし、大人になってからそれを直接得る事は難しい事です。おそらく、その「代替」が「金銭」なのでしょう。

また、「アルコール依存」や「ギャンブル依存」のように「〇〇依存」という病気も一種の「欲求の代替」なのだと思います。その一瞬だけ不足していた欲が満たされたような気がして「幸福感」等の「ポジティブな感情」が湧き、しかし、すぐに「苦しみ」等の「ネガティブな感情」に戻ってしまう。またその「苦しみ」から逃れたくてその〇〇に手を出してしまう。その一瞬の「幸福感」「快楽」を得たいが為に〇〇から抜け出せなくなってしまう。つまり、その人にとって、不足している欲の代替が〇〇なわけです。これも人独特の「想像力」に起因しているのでしょう。

しかし、実は「〇〇依存」は、あらゆる人に起きている現象ともいえます。それが「病気」と診断されるというのは、「〇〇」が直接的に肉体を蝕んだり（アルコールや薬物等）経済的に破綻したり（ギャンブル等）する場合ですが、「病気」とまでは呼べない程度の「現象」であれば、あらゆる人に起きているといっても良いでしょう。最近では、ネット依存やスマホ依存の人も増えているそうです。

また、「想像力」がもたらす「欲求の代替」で、特にわかりにくいのが、「存在欲」の「代替欲求」です。もちろん、これも、人独特のものですが、本来の「存在欲」は、前にも述べたように「危険を避け、健康を保ち、できるだけ長生きしようとする欲求」を指します。つまり、肉体そのものの「存在」「生存」を指すわけですが、人の「想像力」はその「代替欲求」として、「存在感」を求めたりします。「名誉」や「出世」もその一つでしょう。つまり、集団の中で「ワタシ」という個体が重要な役割を担っていたいという欲求、「ワタシ」の存在価値、存在意義を感じたいという欲求という事になるのでしょうか。あるいは「承認欲求」という言い方もできるかもしれません。

子供の頃に受ける親からの愛情というものも、言ってみれば、「あなたはこの世に生まれて、生きる（存在する）価値のある人である」という親からのメッセージです。この愛情不足も度々「心の病」の原因になります。リストカットを繰り返す子供は、本気で死ぬつもりなのではなく、その一瞬の痛みによって、生きている実感が湧くそうです。人の「想像力」が、歪んだ「代替欲求」を生み出してしまった典型例でしょう。

無意識とは

「想像力」が生んだ「欲求の代替」が「心の病」の原因である事がわかっているなら、それを本人が自覚すれば、簡単に「心の病」は治ってしまうのでは？ と考える読者の方もいるかもしれません。厄介なのは、「想像」も「欲求の代替」も意識レベルだけでなく、無意識レベルでも起こっている点です。

「無意識」あるいは「潜在意識」「深層意識」という概念は、かなり古くから存在していたようです。しかし、科学が発展した現在でも、やはり、「心」の定義と同じように、「無意識」の定義も明確なものはないそうです。「心」と同じように、手に取る事も見る事もできないものですから研究対象にはなりにくいのでしょう。

一応、「無意識」を学術的な対象と考え最初に研究した人物は、フロイトではないかといわれています。そして、当初フロイトの考えを支持し、弟子の様な存在だったユングも、「無意識」の研究をしました。眠っている時に見る「夢」に「無意識」が現れるとして、「夢」の研究等をしたそうです。しかし、後にユングは考えの違いからフロイトと決別する事になります。

この二人の研究内容を本書の中ですべて記す事は物理的に不可能ですし、私も学問として学んだわけではなく、素人向けの本を読んだ程度ですので、専門用語等はよくわかりません。しかし、二人とも、「無意識」とは何かを研究したというよりも、ある個人（例えば心の病の患者）の無意識に何が存在し、意識や現実の行動等にどのような影響を及ぼしているかの分析が中心だったようです。

では、「無意識」とはいったい何でしょうか。よく説明の際に例えられるのが、海に浮かんだ氷山です。海面から上に出ている部分が「意識」、海面下の部分が「無意識」と説明したりします。つまり、氷山全体が「心」であり、普段考えたり感じたりしている領域が「意識」であり、普段考えたり感じたりしていないが、意識に何らかの影響を及ぼす過去の記憶等が存在する領域が「無意識」である、という事なのでしょう。

日常会話の使用例としては、「禁煙していたのに、無意識に煙草に火をつけてしまった」であるとか、「退職したのに、朝起きたら無意識にネクタイを締めていた」、「無意識に爪を噛んでいた」等、習慣や癖を表現するときに使用したりします。あるいは、一般に「トラウマ」と呼ばれるものも無意識に刻まれた記憶ではないかといわれています。

しかし、「無意識」について書かれている説明を読んでも、わかるような、わからないような、今一つピンとこないものが多い気がします。もちろん、昔からある概念ですから、「心」と同じように皆さんそれなりのイメージは持っていると思いますが、「明確に定義せよ」と言われると難しいのではないでしょうか。

ここからは、本書流の「無意識」についての説明をしてみたいと思います。本書の中でいう「心」

とは、生命だけに存する何らかのエネルギー、つまり一般に「生命エネルギー」と呼ばれているものと同義語である、という事でした。したがって、単細胞生物には、単細胞生物の心があり、昆虫には昆虫の心、魚類や両生類、また爬虫類や哺乳類にはそれぞれの心があるという事です。

また、「心」とは、入力信号から出力信号を決定付ける何らかの法則である、とも述べました。ここで、一つ注意が必要なのが、「出力」は脳の中の「ワタシ」が決定する「行動」だけではないという事です。今までの説明において、特に脊椎動物以降の説明では、「出力」は脳の中の「ワタシ」が決定する「行動」を中心に述べてきましたが、「出力」とは「行動」だけでなく、「生命活動全体」を指します。心臓や他の内臓を動かす事も含まれますし、体内の一つ一つの細胞の活動も含みます。白血球等の免疫細胞は、外部から入った細菌やウィルスを退治する働きがありますが、これも「出力」の一つです。

勘の良い読者の方はもうおわかりだと思うのですが、「人の心」というものは、肉体を構成する六十兆個の細胞一つ一つに単細胞生物の心があり、神経細胞には昆虫の心（ホヤの心）、小脳あたりには魚類や爬虫類の心、大脳の古い皮質には哺乳類の心、そして、大脳の新しい皮質の心をすべて、ひっくるめて「人の心」を形成しているのです。

母親のお腹の中の胎児は、生物の進化の過程を体現して成長していくといいますが、「人の心」

の形成にも影響しているのだと思います。もちろん、それぞれの心はバラバラに活動しているわけではありません。まず、エネルギーが向かう方向が同じです。もうおわかりのように「自らの姿を維持する」「自らをコピーし増殖する」「自らの姿の維持と増殖の為の材料を外部から取り入れる」という方向です。人向けの言葉に直せば「存在欲」「性欲」「食欲」を満たす方向です。そして、全体的には統合されていて、互いに何らかの信号のやり取りもあり、互いに協力し合う関係にあります。しかし、所々、あるいは時々、つじつまが合わなかったり、矛盾が生じたりする事もあるわけです。これが病気の原因になったりもします。

そして、脳の中の「ワタシ」が決定できる「出力」は原則的には「行動」だけです。心臓を止める事もできませんし、白血球に指示も出せません。「人の心」のうち、この脳の中の「ワタシ」の影響が及ぶ範囲が「意識」、それ以外が「無意識」と考えてはどうでしょう。

「人の心」を何かに例えてお話するなら、氷山ではなく、樹木の年輪に例えたいと思います。樹木の切り株をイメージしてみてください。断面に現れる幾重にもなる輪模様は、中心が最も古く、外へ向かうほど新しくできたものです。この輪模様の中心に単細胞生物の心、外へ向かうにしたがって、昆虫の心（ホヤの心）、魚類の心、両生類の心、爬虫類の心、哺乳類の心となるわけです。

もちろん、話をわかりやすくする為に、この様な表現をしましたが、それぞれの心はそれほどはっきりと区別されているわけではなく、薄らと輪模様は見えるものの、例えて言えば、一番外側が「純白」だとすると、内側へ行くにしたがって、少しずつ色が濃くなり、中心は「真っ黒」というように、徐々に変化して行くわけです。そして、原則的には一番外側が「意識」、その内側がすべて「無意識」となり、脳の中の「ワタシ」は「意識」の中にあります。しかし、「意識」と「無意識」は、はっきりと壁で区切られているわけではなく、少しずつ霧が濃くなるように中心の闇へ向かって行き、「ワタシ」の影響が及ぶ範囲も、ある部分で急に遮断されるわけではなく、少しずつ影響

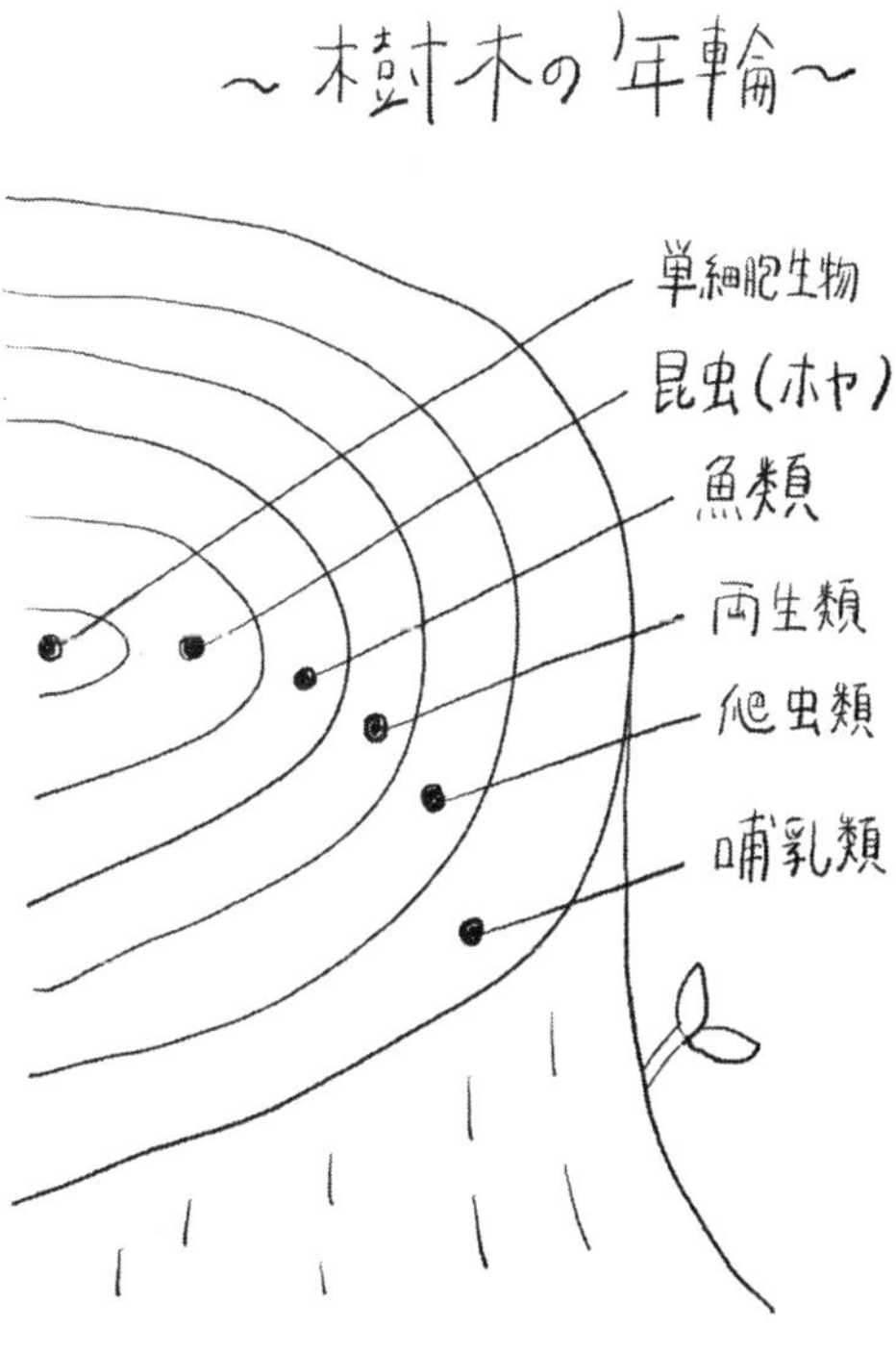

力が薄れて行き、中心付近は「ワタシ」の影響をほとんど受けません。つまり、白血球の活動は、年輪の中心部分の活動ですから、「ワタシ」の影響を受けずに活動します。心臓を動かしているのは、先程の例えで言えば、魚類から爬虫類程度の心であり、「灰色」程度でしょうか。基本的には「無意識」の中ですから、「ワタシ」の影響は受けませんが、緊張した時や好きな異性の前等では、鼓動が早くなったりします。わずかに「ワタシ」の影響を受けている証拠です。

そして、外部から入ってくる「信号」は「意識」に入るものもあれば、「無意識」に直接入るものもあります。音楽を聴きながら本を読んでいる時、本の内容に集中していると音楽が聞こえなくなる事があります。この時の音楽は、聞こえていなくても、「無意識」には「信号」として入力されています。

また、宇宙から降り注ぐ放射線や紫外線等は常に全身に浴びていますが、これも、「無意識」に直接入る「信号」です。この無数に入ってくる「信号」が脳で咀嚼される際、「意識」と「無意識」の境目付近では、数えきれないくらいの「情報」がやり取りされ、数えきれないくらいの「想像」が湧き起ります。それらは「無意識」の中だけで完結し、「無意識」の中に刻まれるものもあれば、少しだけ「意識」に顔をだすもの、完全に「意識」できるものもあります。

更に、これらすべての「情報」や「想像」の度に、「意識」の中の「ワタシ」以外の部分に「感情」が湧き起ってきます。

つまり、原則的には、脳の中の「ワタシ」は「意識」の中にあるものしか知る事ができませんから、時として、なぜこんな「感情」が湧いたのかわからない、という事も起こり得るわけです。「トラウマ」と呼ばれるものは、「無意識」に刻まれた過去の記憶が、何かの拍子に意識に影響を及ぼす時に起こります。

「欲求の代替」も「無意識」で起きている事もあるわけですから、例えば「ギャンブル依存」の人は、なぜギャンブルをやめられないのかわからない、という事になるわけです。

集合的無意識とは

集合的無意識とは、ユングが提唱した考え方で、個人的無意識の更に奥に人類共通の集合的無意識があるとする考え方です。その根拠となったのが、世界中の地域に残された神話に類似性がある事、あるいは、精神疾患の患者の妄想に神話との類似性があった事等が挙げられています。つまり、神話ができた当時は、西洋と東洋では交流が無かったはずなのに、類似したものができるのは、遠く離れた人同士でも共通の無意識があるからではないか、精神疾患の患者は、はるか昔の神話を読んだ事はないはずなのに、類似しているのは、共通の無意識があるからではないか、という論拠です。

しかし、本書流の「無意識」の説明では、集合的無意識が存在する事は当然の事として説明できます。なぜなら、神話が作られたのは、いくら大昔の事と言っても、人が人になってからの話です。アウストラロピテクスには神話は作れないでしょうし、ましてやそれ以前の生物に作れるはずはありません。本書でいう「心」は単細胞生物の頃からあり、人の心の形成は、進化の過程を体現しながら形成されたものです。したがって、日本のゾウリムシとアメリカのゾウリムシが同じような生命活動をする事、大昔のトンボと現在のトンボが同じような行動パターンを持っている事と同じように、遠く離れた人が同じような神話を作る事も、時代の離れた人が同じような神話を考える事も当然起こり得る事として説明できます。

それから、集合的無意識とテレパシーのような作用を同一の作用とする考え方があるようです。極端な人は、テレパシーはユングによって証明されている、とまで言う人もいます。どういう事かと言えば、個人的無意識の奥で人類共通の無意識が「時空を超えてつながっている」ものが集合的無意識である。だから、遠く離れた人が同時期に同じような発明をしたり、虫の知らせのような事が起きたりと「奇跡のような偶然」「偶然に見える必然」も起こるのだ、という考え方です。

有名な一つの例として「百匹目の猿現象」があります。一匹の猿が海水で芋を洗い始め、他の猿もマネをし始めた、その群れの猿の百匹目が海水で芋を洗い始める頃に、遠く離れた別の群れの猿が海水で芋を洗い始める、という現象です。遠く離れた群れは、最初の群れと何ら接触は無いはずなのに猿がマネをし始めたのは、時空を超えた何かでつながっているからだというのです。また、同じような現象がいたる所で起こっていて、遠く離れた人同士でも頻繁に起きているというのです。つまり、全人類あるいは全生物（人によっては全宇宙）は無意識の領域で見えない何かでつながっていて、テレパシーのような作用が起こるのだというのです。

これがユングの真意かどうかはわかりませんが、本書流の集合的無意識の説明で、「奇跡のような偶然」を説明するならば、以下のようになります。

「心」は入力信号から出力信号を決定付ける「何らかの法則」ですが、「何らかの法則」は、数式で表せる程単純なものではありません。しかし、この「何らかの法則」は生物の進化に伴い、より単純なものから、より複雑なものへと変化していきます。したがって、現在の人の心がもっとも複雑で、時代を遡れば遡るほど単純なものになるわけです。そして、単純であればあるほど個体差が少なくなり、入力信号に対し、同じような出力をする可能性が高くなっていくという事です。ですから、遠く離れたゾウリムシは同じ活動をしますし、人以外の哺乳類の同じ種程度なら、世界中同じような行動パターンを持っているでしょう（世界中の犬は同じ鳴き声です）。

現生人類はアフリカからはじまり、世界へ広がったといわれています。これらの人類の「心」は、それまでに進化してきた「心」をベースとして形成されています。したがって、世界に広がった時点で、既に同じような出力をする可能性が高い状態にあった、という事なのでしょう。つまり「何らかの法則」はその時点でかなりの共通部分があったという事なのです。したがって、遠く離れた人同士が同じような事を考えたり、同じような行動をしたりする事は、何ら不思議な事ではなく、十分にあり得る事なのです。「奇跡のような偶然」はこれで説明がつくのではないでしょうか。

ただ、私は、この集合的無意識とテレパシーのような作用が同一の作用であるという考え方を全面的に否定しているわけではありません。むしろ、どちらかといえば肯定的であり、私の考えもこれに近いものがあります。また、ユングは集合的無意識を「人類共通の無意識」と考えたようですが、私の考えでは、「生命全体の無意識」と言っていいのではないかと考えています。これらについては次章以降で詳しく述べていきますが、ここでは、とりあえず、集合的無意識というものについてなんとなくイメージしておいていただければと思います。

私達が住む世界

さて、これまで「心とは何か」そして「人の心の内側」について述べてきましたが、皆さんは「心」の全体像をイメージできているでしょうか。そもそも、手に取る事も、見る事もできないものですし、複雑怪奇なものですから、説明するのも大変困難ですが、できるだけ、シンプルに述べてきたつもりです。生物学や心理学の専門家の方が読めば、多くの反論があると思いますが、素人目線だからこそ、素人にわかりやすい説明になったのではないかと思います。

ところで、最初に挙げた学問のうち、今までの説明でほとんど登場していない分野がありま す。それは、「物理学」です。次の章では「物理学」を中心に置きたいと思うのですが、ようするに、「物理学」とは、「私達が住む世界とは、どのような世界なのか」を研究し、明らかにして行く学問です。本書のテーマである、幸福な人生を送る「舞台」の研究であり、心に入力され、出力される信号が、どのようなものか、「心」と「心の外側」はどう影響し合っているのかを明らかにする学問という事です。真の幸福を知る為には「心の内側」だけでなく「心の外側」も理解する必要があるという事です。

まとめ（心の定義）

一、「心」とは、生命だけに存する何らかのエネルギーであり、「生命エネルギー」と同義語である。

二、「心」とは、入力信号から出力信号を決定付ける「何らかの法則」である。

三、「何らかの法則」は、「自らの姿を維持する」「自らをコピーし増殖する」「自らの姿の維持と増殖の為の材料を外部から取り入れる」という三つの方向に沿ったものである。

四、「人の心」の枝葉を削ぎ落とし、本質をむき出しにしたものが「昆虫の心（ホヤの心）」である。

五、脳ができる事で、過去の記憶と未来の予測ができるようになり、入力信号を「情報」に転化できるようになった。

六、脳ができる事で、「ワタシ」の概念ができ、「ワタシ」イコール「個体」のイメージができ、「ワタシ」が「行動」を選択できるようになった。

七、「感情」とは、遺伝子Aから「ワタシ」へのメッセージであり、「個体」である「ワタシ」を「自らの姿を維持する」「自らをコピーし増殖する」「自らの姿の維持と増殖の為の材料を外部から取り入れる」という方向へ促す為の飴と鞭である。

八、最も原始的な「感情」は、「苦しみ」等のネガティブな感情であり、「ワタシ」に、これを解消する為の行動を促す為の遺伝子Aからの鞭である。

九、「想像力」は人独特の能力であり、「過去の記憶」と「未来の予測」が発展したものである。

十、「想像力」は人類に文明をもたらす等のプラス面もあるが、「心の病」をもたらす等のマイナス面もある。

十一、「心の病」の原因の多くは、「想像力」により心の中で自動的に発生する「代替欲求」である。

十二、人の体を構成する六十兆個の細胞には単細胞生物の心、神経細胞には昆虫の心（ホヤの心）、小脳あたりには魚類、爬虫類の心、大脳の古い皮質には哺乳類の心、そして、大脳の新しい皮質の心をすべてひっくるめて、人の心を構成している。

十三、心は、意識と無意識で構成され、外部からの信号は、意識に入るものと、無意識に入るものがあり、意識と無意識の間も信号が行き来している。

十四、「ワタシ」の影響下にあるのが、意識であり、それ以外が無意識であるが、その境目は、はっきりと壁で区切られているわけではなく、徐々に影響力が薄れていく。

十五、個人的無意識の更に奥には生命全体の集合的無意識が存在し、時空を超えてつながっている

※8　2006年太陽系の第9惑星とされていた冥王星が準惑星に変更、国際天文台連合が惑星の定義を見直し

※9　（参考文献）人体科学会〝「心」をめぐって〟「心」とは、牧豊、丸善プラネット（株）、1994、p88

※10　（参考文献）澤口俊之〝心の揺りかご〟痛快！頭を良くする脳科学、（株）集英社、2002、p25-27

※11　（参考文献）福岡伸一、生物と無生物のあいだ、（株）講談社、2007、p285

※12　（参考文献）前野隆司、脳はなぜ「心」を作ったのか、（株）筑摩書房、2004、p235

※13　リチャード・ドーキンス、1941年〜、進化生物学者、動物行動学者

※14（参考文献）リチャード・ドーキンス、利己的な遺伝子、日高敏隆　岸由二　羽田節子　垂水雄二訳、（株）紀伊國屋書店、1991、p548

三、この世界とは

この世界の解明度合い

「遺伝子Aは、この世界に永遠に存在し続けたいと考えた。しかし、この世界に永遠なる物は何一つ存在しなかった。」

これは、前章で遺伝子Aを擬人化した際の最初の一節です。「この世界」とは、いったいどんな世界なのでしょうか。また、人の心に入力される「信号」は、「この世界」のものですし、本書のテーマである「幸福な人生」の舞台となるのも「この世界」です。そして、「この世界」を解明しようとする学問が物理学という事になるわけですが、物理学者はどのくらい「この世界」を解明できているのでしょうか。

数年前、「宇宙」をテーマにしたテレビ番組がありました。司会者であるアナウンサーと宇宙物理学の科学者が中心になって、宇宙の謎に迫っていく番組で、一般の素人の視聴者を対象にした番組でした。コメンテーターには、「おバカ」を売りにしているアイドルや、クイズ番組で活躍している高学歴のタレント、分野は違うものの一応科学者の肩書を持つ人等、ピンからキリまで、五、六名出演していたと思います。番組の冒頭、司会者がコメンテーターにこんな質問をしました。

「私達の科学は、私達が住む世界の仕組みを何パーセントくらい解明できていると思いますか。」

もちろん、これは、たとえ専門家であっても正確な数字を導き出せる問いではありません。あくまでもイメージの話であり、司会者が一般的なイメージを探るために発した質問です。

この質問に対する答えは、番組制作者の意図的なものか、偶然かはわかりませんが、大変興味深い結果になりました。「おバカ」を売りにしているアイドルは、「八十パーセントくらい解明できている」と答え、普通のタレントが「五十パーセント」、高学歴のタレントが「三十パーセント」、分野の違う科学者は「十パーセント」と知識レベルが上がるに従って、見事にパーセントが下がって行ったのです。そして、最後に、宇宙物理学者は、「正確に数字を出せるものではないが」と前置きした上で、「四パーセントにも満たないと思います」と答えました。

つまり、私が「この世界」について述べる上で、大前提となるのが、科学が発展した現在であっても、「この世界」の事はほとんどわかっていないという事です。しかし、ここ数百年の人類の科学の発展は、目覚ましいものがありますし、実験器具や装置の発展も飛躍的に伸びています。にもかかわらず、なぜ、「ほとんどわかっていない」のでしょうか。不思議と言えば不思議な事です。

その答えは、前章で述べた「心」と同じように、「この世界」も、手に取る事も見る事もできない、観察できないものだから。という事になります。

「何を言っているんだ、心は確かにそうかもしれないが、この世界は、周りを見渡せば、手に取れる物だらけだし、見える物だらけで、観察し放題ではないか。」という声が聞こえてきそうですね。しかし、本当にそうでしょうか。実は、私もそうでない事を知った時は、驚嘆しました。それは、私が中学生の頃に素粒子について書かれた本を読んだ時です。素粒子とは物質を構成する最小単位とでもいうような、物質を極限まで小さくした粒の事です。もちろん肉眼で見えるような粒ではありませんし、顕微鏡でも見えません。

そもそも、一般的な観察というのはその対象物を目で捉え状態を確認することです。つまり、対象物に光が当たり反射した光が観察者の目に入る事で状態が確認できるわけですが、もし、対象物に光が当たった瞬間に性質が変わってしまったり、弾き飛ばされてしまったりしたらどうでしょう。光が当たる前の状態は永遠に観察できない事になってしまいます。物質を極限まで小さくした世界ではこのような事が頻繁に起きているのだそうです。もちろん新しい測定器具等が考案され、技術的な問題は次第に解決していくのですが、実は技術的な問題ではない素粒子自体の性質の問題もあるのです。「不確定原理」と呼ばれる理論なのですが、これについては後で詳しく説明したいと思います。いずれにしろ、「この世界」も「心」と同様手に取ることも見ることもできないものであるという事です。

ところで、ノーベル物理学賞を受賞した小柴昌俊先生※15の研究を覚えているでしょうか。物質を構成する素粒子の一つニュートリノの研究成果が認められ、受賞に至ったのですが、このニュートリノという素粒子は宇宙から大量に降り注ぎ、あらゆる物質を、何の影響も与えずにすり抜け、地球の裏側に抜けて行ってしまうものだそうです。どのくらい大量かというと、例えば、人の体の一平方センチメートルあたり、毎秒六百六十億個のニュートリノがすり抜けているそうです。そんな何もかもすり抜けてしまうものを、いったいどうすれば「観察」する事ができるのでしょうか。

それを可能にしたのが、カミオカンデと呼ばれる装置で、一言で言えば、「巨大な水槽」だそうです。地下千メートルの場所に三千トンもの純水を蓄えたもので、この中を通過するニュートリノのうち、ごくまれに水の中の粒子にぶつかる事で、わずかな光を発するものがあり、これを捉える事で「観察」しているのだそうです。もはや、私達がイメージする「観察」とは、ずいぶんかけ離れたものになってきていますね。この例からも、「この世界」が手に取る事も見る事もできない、という事がおわかりかと思います。

余談ですが、宇宙から降り注ぐニュートリノが通過しないように、鉛で壁を造ろうとすると、なんと四光年の厚さが必要だそうです。「光年」とは距離（長さ）の単位で、一光年は光が到達するのに一年かかる距離という意味です。光はおよそ秒速三十万キロメートルですから、一光年は３０００００×60×60×24×３６５キロメートルという事になります。

ニュートン力学

学校の物理学の授業で、最初に学ぶのが「ニュートン力学」だと思います。ニュートン[※16]と言えば、りんごが木から落ちるのを見て「万有引力の法則」を思いついたとして有名な人物ですが、本書では、できるだけ難しい話は抜きにして、素人らしい表現に終始したいと思います。ニュートン力学を素人らしく表現すると、「地球上の日常生活において、人々が直感的に感じている、物の動きや力の伝わり具合を公式化し、計算できるようにしたもの」という感じでしょうか。

もう少し具体的に言えば、キャッチボールをしている時、相手が投げるボールの軌道は、直感的におおよそわかるからこそ、キャッチする事ができるわけですが、なぜそのような軌道を描くのかを論理的に説明でき、計算で導き出せるのがニュートン力学という事になるわけです。つまり、直感と論理（計算）がほぼ合致しているという事です。

では、「直感」とはいったい何でしょうか。それは、人の「脳」が瞬時に導き出した結論です。しかし、前章の「ワタシの範囲」の説明の際に述べた、だまし絵やトリックアートのように、人の脳は度々「錯覚」を起こします。直感と論理が一致するという事は、わかりやすく、また、気持ちのいいものですが、必ずしも真実とは限りません。

事実、その後発表された、アインシュタインの相対性理論は、ニュートン力学をある意味否定する理論ですが、現在の科学では、ニュートン力学よりもアインシュタインの理論の方が真実に近い理論とされています。（もちろん「真実」そのものではありません）また、更にその後には量子力学という理論も登場しますが、これも、二つの理論を一部否定する理論です。

ではなぜ現在でも、学校でニュートン力学を学ぶのでしょうか。もちろん、「歴史的な流れ」という意味もありますが、それよりも、私たちの日常生活において、ニュートン力学で導き出される数値と相対性理論による数値はほとんど変わりないからです。その意味においては、

「ニュートン力学」も正しい理論なわけです。違いがでてくるのは、日常生活からかけ離れた、宇宙空間であったり、光速度に近い状況であったり、物質を究極的に小さくした素粒子の世界等に限られます。つまり、「この世界」の「範囲」を「日常生活」に限れば、「ニュートン力学」は、「真実」に近い理論であるという事です。

「この世界」の範囲

ところで、「この世界」の「範囲」とは、どこまでを指すのかという事はけっこう難しい問題です。またわけのわからない事を言い出した、と思っている方も多いと思います。「この世界」は私達が住んでいるたった一つの「この世界」であり、「この世界以外の世界」等あり得ようがなく、「範囲」の意味がわからない。と考える人が多いでしょう。しかし、よく考えてみると、大昔の人にとって、「この世界」とは、何の器具も使わずに、五感で感じ取れる範囲の世界が「この世界」のすべてだったはずです。科学技術の発展に伴い、「この世界」の「範囲」はどんどん広がっていったわけです。

例えば、私達が視覚で捉えられる、いわゆる可視光線というものは、波長がおよそ三百八十から七百八十ナノメートルの電磁波です。この範囲以外の電磁波には、赤外線や紫外線をはじめ、携帯電話やテレビ、ラジオの電波、あるいは、レントゲン写真を撮るためのエックス線等がありますが、大昔の人は、その存在すら知りませんから、可視光線で捉えられる世界が「この世界」のすべてだと思っていたはずです。ちなみに、多くの昆虫の可視領域は、人のそれに比べ、若干紫外線側にずれているそうです。つまり、昆虫には、大昔の人の「この世界以外の世界」が見えていた事になります。

聴覚についても、まったく同じ事が言えます。人の可聴領域はおよそ二十ヘルツから二万ヘルツですが、イルカやこうもりは二十万ヘルツあたりまで聞こえるそうです。こうもりは自ら超音波を発し、その反射によって障害物を認知しているので暗闇でも飛行できるのだそうです。大昔の人には不思議な現象に見えたことでしょう。

科学技術が進歩した現在では、赤外線や紫外線の存在も明らかになりましたし、こうもりが暗闇で飛行できる理由も明らかになりました。しかし、科学技術が「この世界」を解明すればするほど、まるで神様がいたずらをしているかの如く、「この世界」の「範囲」はどんどん広がっていきます。

例えば、物質を究極的に小さくしていくとどうなるだろうと考えた先人がいました。先人は、分子や原子を発見し、「これが物質の最小単位だ」と主張し、それを証明し、世界中の科学者が、これを認めました。

しかし、ある科学者は、証明に疑問や矛盾がある事を指摘し、「原子は原子核と電子からできている」と主張し、それを証明し認められました。

しかし、また疑問や矛盾が発覚し、ある科学者は、「原子核は中性子と陽子からできている」と主張し、証明しました。

しかし、また疑問や矛盾が発覚し、ある科学者は、「中性子や陽子はクオークという更に小さい粒子からできている」と主張し証明しました。

一応現在では、六種類のクオークと六種類のレプトンが物質の最小単位とされています。「レプトン」は、電子の仲間で、六種類の中には、一般的に言われている「電子」や前述した「ニュートリノ」が含まれます。しかし、現在でも「疑問や矛盾」は多く存在し、科学者達は「疑問や矛盾」を解決する為に、日々研究を重ねています。

このように、科学者が、「この世界」を解明しても解明しても、それをあざ笑うかの如く、「この世界」は広がっていき、専門家は「この世界」の解明度合いを四パーセント程度と述べているのです。もちろん、「物質の最小単位」というのは一例にすぎず、広大な宇宙に目を向ければ、

「重力」や「時間の概念」等においても同じような事が繰り返されています。

しかし、考えてみれば、「人」は、広大な宇宙の中の地球という小さな星に生まれた一生物にすぎず、他の生物に比べ脳が格段に進化したとはいえ、所詮は同じ地球上の他の生物との比較であって、小さな星の一生物である事には変わりありません。その「人」が「この世界」を理解できる「範囲」というのは、人の脳が理解できる範囲を超える事はできません。言い換えれば、「脳の限界」が「この世界」の「範囲」なのかもしれません。

相対性理論

相対性理論といえば、特殊相対性理論と一般相対性理論の二つの理論の事を指し、アインシュタインという人物が発表した理論です。私達素人には「脳の限界」を超えているのかもしれませんが、アインシュタインにとっては、「範囲内」だったようです。

ここでも、素人らしくできるだけ素人にわかりやすく説明してみたいと思います。まず大前提となるのが「光速度は不変である」という事です。この「不変」の意味が、私達の脳が常識的にイメージする「不変」とは違うのです。一般的に「不変」と言えば、時速三十キロメートルで走っている電車が、時速二十キロメートルになったり、時速四十キロメートルになったりせずに、時速三十キロメートルで走り続ける事を指します。しかし、時速三十キロメートルで走り続けている電車でも、並走して時速三十キロメートルで走る電車の中から見れば、隣の電車は静止しているように見えます。（山手線と京浜東北線の品川・田端間でたまにあります）時速三十キロメートルというのは、あくまでも、地上で静止している人から見た速度です。

ところが、前述した「不変」の意味は違うのです。光はおよそ秒速三十万キロメートルという速さで進みます。太陽から地球までおよそ八分二十秒だそうです。もし仮に、太陽から地球に向かってほぼ同じ速さ（理論上光の速さを超える事はできないそうです）で光と並走しても、その並走者から見て、光の速さは秒速三十万キロメートルなのだそうです。これが前述した「不変」の意味なのですが、この話聞いて、最初に浮かぶ疑問は、地球で到達を待っていた場合、どちらが先に到達するかという事です。答えは、「ほぼ同時」です。ではなぜ並走者には光の速さが秒速三十万キロメートルに見えるのでしょうか。それは、地球上の人の時間よりも並走者の時間の方がゆっくり経過するからなのだそうです。

さあ、もう「脳の限界」を超えてしまった方もいるかもしれませんが、頭の中を柔軟にし、既成の常識から解放する為に、「静止」について少し考えてみたいと思います。

電車の話の時にも述べたように、一般的には、「静止」といえば地上に立っている状態をイメージします。しかし地球は自転しながら太陽の周りを公転しています。地球一周はおよそ四万キロメートル、これをおよそ二十四時間で一回りしますから、赤道付近の自転速度は、およそ時速千六百七十キロメートル、秒速四百六十三メートルです。ちなみに、音速はおよそ秒速三百四十メートルですから、音速より早い計算になります。公転距離はおよそ九億四千二百万キロメートル、これをおよそ三百六十五日で一回りしますから、公転速度はおよそ時速十万八千キロメートル、秒速三十キロメートルです。これはマッハ九十くらいという事になります。更に言えば、太陽系全体も銀河系の中心を軸として回転していると思われます。また、銀河系全体も宇宙のどこかを中心に回転しているかもしれません。

こう考えていくと、真の「静止」とはどういう事なのかわかりません。あるいは、真の「静止」などというものは存在しないのかもしれません。また、「時間」や「速度」についても、私達の脳がイメージしているものは「錯覚」なのかもしれません。

さて、相対性理論に話を戻したいと思います。難しい数式をすっ飛ばして、最終的に導かれる結論だけを言えば、「E ＝ MC^2」Eはエネルギー、Mは質量、Cは光速度です。ようするに、「エネルギーと質量は等価である」という事です。更に素人らしい表現をすれば、「すべての物質はエネルギーに成り得る。その逆も成り得る。」という事です。ここで思い出していただきたいのが、有名な映画「バック・トゥ・ザ・フューチャー」[※17]の終わりの方のシーン、未来に行って戻ってきたドク[※18]が、未来で改造したデロリアンの燃料の挿入口らしき場所に、ゴミ箱からあさったゴミを入れ、マーティ[※19]を乗せて未来に向かうというシーンです。改造する前のデロリアン[※20]は、プルトニウムを燃料にしていました。ようするに核エネルギーです。過去に行ったデロリアンはプルトニウムを調達できず、落雷のエネルギーを利用しました。ところが、改造したデロリアンは、わずかなゴミだけでそれだけのエネルギーを生み出してしまったのです。

もちろん、これは映画の中の架空の話ですが、相対性理論が導き出した結論では、わずかなゴミから莫大なエネルギーを生み出す事も、理論上可能であるという事です。もちろん、現実的にはそう簡単な事ではありませんが。それと蛇足ですが、映画のように過去に戻る事は相対性理論では理論上不可能とされています。（未来へ行く事は理論上可能ですが、行ったら行ったきり戻れない事になります。）

ニュートン力学における「時間」は、誰にも共通して過去から未来へ向かって等間隔で進む絶対的なものでした。これは私達の直感に近いもので、何の違和感もないと思います。

しかし、相対性理論によって、これは真実ではない事が証明されました。時間の進む速さはその観測者の立場によって違うという事が証明されたのです。簡単に言うと、時間は止まっている人より動いている人の方がゆっくり進み、重力が弱い場所より強い場所の方がゆっくり進むという事です。実際精密な時計を用いて平地と山の上で計測するとほんの極々わずかではありますが平地の方がゆっくり進むそうです。とはいえ、私たちが日常生活を送る上で問題にならないくらいの差ですからニュートン力学的直感に基づいて生活しても何ら問題はありません。

それともう一つ、相対性理論が解き明かしたものに「空間のゆがみ」というものがあります。ニュートン力学では空間は縦、横、高さの三方向に等間隔で広がっている絶対的なものとして考えられ、その絶対的な入れ物の中であらゆる物理現象が起きていると考えられていました。

しかし、相対性理論では重力によって空間はゆがめられ、また、観測者の立場によって物の長さも変わってしまう。つまり、空間は絶対的な入れ物ではない事を解き明かしたのです。そして、「空間」と「時間」とは別々に独立したものではなく互いに関係し合う「時空」という四次元世界である事を証明したのです。

しかし、この相対性理論をもってしても過去に戻る事は不可能とされていて、「時間」の正体についてはまだまだ不明な点が多いのです。

皆さんここで一つ驚くべき事実をお伝えします。今まで多くの物理学者が研究を重ね、「この世界」を表す理論を構築し、誰もが再現できる方程式として表現してきました。それはエネルギー保存の法則を始めとするいくつかの基本方程式から成り立っていますが、どの方程式にも過去と未来の違いを表すものは存在しないのだそうです。もっと素人っぽい言い方をすると、「過去と未来の違いがわからない」という事です。

多くの人が「そんなバカな！」と思うでしょう。しかし、本当らしいのです。わかりやすい例をあげれば、物体の運動を動画で撮影し、それを逆回しで再生した時に、ほとんどの場合逆回しかどうかわからない。あるいは逆回しを順回しとして再現しようと思えば再現できてしまう。という事なのです。

唯一時間に関係していると思われる法則というのが、エントロピー増大の法則というものだそうです。エントロピーというのは日本語に訳すと「乱雑さ」という意味なのですが、ようするにこの世界のものはすべて秩序だったものから無秩序な方向に変化するという法則があるという事なのです。

例をあげると、コーヒーにミルクを垂らした時、ミルクは最初に垂らした周辺にかたまって存在しますが、スプーンでかき混ぜるといった手を加えなくても、放っておくだけでそのうちコーヒーと混ざり合って薄茶っぽい色に変化していきます。つまりはっきり二つに分かれていたものが混ざり合って区別がつかない状態になっていくという事です。これは何らかの手を加えない限り、必ず起きることで、また逆戻りはしません。この事をエントロピーが増大するというらしいのですが、これが「時間の矢」つまり過去から未来に向かう方向を示しているのではないかという事なのです。

しかし、これにも疑問を感じる人はいるようです。そもそも「乱雑さ」を数値で表すというのはどういう事なのでしょうか。もちろん、この法則も物理学者が発見した法則ですから「乱雑さ」を論理的に数値化していますし、私たちの直感でも乱雑な状態（無秩序）と整理整頓（秩序）された状態の差はわかります。

例えば、トランプ五十二枚（ジョーカーを除く）を最初の二十六枚を赤いカード（ハートとダイヤ）その後二十六枚を黒いカード（スペードとクラブ）にして重ねたとします。これは赤と黒がそれぞれまとまっているので整理された状態です。では色を特定せずにA（エース）から234・・K（キング）まで十三枚重ね、これを四回繰り返して重ねたとします。これも順番通りに並んでいるので整理された状態です。この前者も後者も乱雑さ（エントロピー）は低い状態でシャッフルする事で乱雑さ（エントロピー）は大きくなります。

しかし、もし、前者をトランプの事をよく知らない人が数字だけに着目してみたらどうでしょう。数字はバラバラに並んでいますから乱雑さ（エントロピー）は大きいという事になります。後者の場合も色だけに着目すれば乱雑さ（エントロピー）は大きいという事になります。つまり、秩序だっているか、無秩序か、というのはそれを見る人が何に着目して見るかによって変わってくるという事です。もしこれをもっと細かい目で見たとすると、例えば小さな汚れがあるカードが二十六枚続いてその後汚れがないカードが二十六枚続いているから整理されている。だとか、少し色にかすれがあるカードとないカードが交互に並んでいるから秩序だっている。等という事もできるわけです。

また、シャッフルした後のカードの並び方も人の目で見たらどう見てもバラバラで乱雑に並んでいるように見えたとしても、いわゆる神の目のような見方をすればそれはそれで特別な並び方なのかもしれません。二つのサイコロを転がして出た目が一のゾロ目だったら私達はなんとなく特別な目が出たような気がしますが、目が出る確率は他の目と同じです。もし一のゾロ目が特別なのであれば三と五や二と六も特別という事になります。つまり、乱雑さ（エントロピー）というのは、それを見ている人の目が曖昧だからこそ成立するもので、いわゆる「神の目」で見ればすべてが秩序だっているのかもしれません。こう考えていくと、エントロピー増大が時間の矢、すなわち過去から未来への方向を表しているというのも疑わしく思えてきます。※21

では、時間とはいったい何なのでしょうか。その前に少し「今」について考えてみたいと思います。夜空に輝く星を見る時、よく「あの星までの距離は○光年」などと言います。光年というのは前述したとおり、光の速さで○年という意味です。例えば北極星までの距離は四百三十一光年です。つまり、「今」見ている北極星は四百三十一年前の北極星なのです。月までの距離は約三十八万キロです。光の速さが約秒速三十万キロですから「今」見ている月は一秒ちょっと前の月という事になります。

こう考えていくと、「今」あなたの目の前に居る友人も小数点以下ゼロがいくつ並ぶかわかりませんが極々わずかに「今」より以前の友人なのです。では、握手をすれば接触ですから光は介在しないので、その手は「今」の友人の手でしょうか。いや、接触してもその感触は神経から脳へ電気信号で伝わりますから、脳が接触を感知するのにわずかな時間差が生まれます。しかも、相対性理論により、「時間」は絶対的なものではなく、観測者の立場によって変化するものだという事がわかりました。という事は「今」という感覚も極めて個人的なもので、ある意味脳が作り出した一種の錯覚かもしれません。

時間の正体

さて話を「時間」に戻したいと思います。物理法則で「時間」の存在を確認できないのであれば、そもそも「時間」などというものは存在しないのではないでしょうか。おそらく宇宙が始まる以前には「時間」は存在していなかったでしょう。現時点の宇宙物理学において宇宙の始まりは、最初にインフレーションが起きのちにビッグバンが起きて宇宙は膨張し始めた、と言われています。専門的な事はここでは述べませんが、ようするにある一点からエネルギーが急速に広がり素粒子やら物質を作っていった、それらは互いにぶつかったり、くっついたり、分裂したり、まとまったりしながら星や銀河を作り現在の宇宙が出来上がっていったのでしょう。この過程においてこの時点から「時間」ができたというような事はありません。

つまり私が思うに「出来事の連鎖」がイコール「時間」なのではないかと思うのです。例えて言えばピタゴラスイッチのピタゴラ装置（からくり装置）のように、ある出来事はその周りに何らかの影響を与え、また出来事を生み出し、それがまた周りの出来事を生み出す。その繰り返しが延々と続く。その中で、ある出来事が無ければ次の出来事は無い、という状況も生まれるでしょう。この出来事の系列がイコール「時間」なのではないでしょうか。

この考え方をすれば、観測者の立場によって時間の進み方が違うという事も説明がつきます。出来事の系列は宇宙の始まりから数えきれないくらいの系列に分かれるでしょうから、観測者Aから見て観測者Bの時間は止まって見えるなどという事もあり得る事だと思います。

私達の目の前にあるいわゆる「物質」も安定してそこに鎮座ましましているかのように見えますが、実はその本質は「波」（この後量子力学の話で出てきます）であり「振動」であり「出来事」です。何もしていないように見えて、周りに何らかの影響を及ぼしています。言い換えれば「この世界」は「出来事」でできていると言ってもいいのではないでしょうか。

ここで思い出すのが、仏教の経文（経典）に書かれている、「この世界」に関する真理です。一つは「縁起」です。意味は、「あらゆるものは関係性によって成り立っている」という事。もう一つは有名な「諸行無常」。意味は、「あらゆるものは移り変わり、生滅を繰り返し、永遠に変わらないものは無い」という事。二千五百年前にお釈迦様はこの世界の本質を見抜いていたのかもしれません。

それから「時間」を語る上で外せないのが、「人の心」が描き出す「時間」です。

第二章で述べたように進化の過程において脊椎動物あたりから脳ができました。それより前の生物にとっての「時間」は「今」の連続でしかなかったのだと思います。そして、「この世界」が「出来事の連鎖」なのであれば、その連鎖の中に組み込まれた無数の出来事が生物の生命活動という事になります。ピタゴラ装置に例えれば、装置の中の一部分を生物が担っているといった感じです。

ただし、その生命活動は、非生命とは違った独特な方向性を持っていて、これは生命エネルギーという正体不明のエネルギーによって方向付けられているわけです。

脊椎動物以降の生物についても基本的には同じです。しかし大きく違う点は、脳ができる事で過去の記憶と未来の予測ができるようになった事です。これにより「今」の連続でしかなかった時間はまるで「流れ」があるかの如く感じるようになったわけです。

ニュートン力学的「時間」の概念（つまり絶対時間）はここから生まれたのでしょう。そして、進化が「人」まで到達すると、過去の記憶と未来の予測は「想像力」にまで発展していきます。想像力は言葉や文字を作り書物やビデオに過去の記憶を残します。そして過去のデータを分析し最新のテクノロジーを開発します。現代ではＡＩという記憶も予測も人の代わりをしてくれるものまで開発しました。もはや「流れ」は「大河」と成り「絶対的で一方向に流れる時間」が存在するかの如く感じているのです。

しかし、この概念は錯覚である事が明らかになりました。また、この後量子力学について述べていきますが、その中では、物質が遠く離れた場所に影響を及ぼす事や、未来が過去に影響を及ぼす事等も登場します。「出来事の系列」は私たちが常識的に考える「順番」を超越して起こっているようなのです。

量子力学（素粒子）

量子力学は物質を極限まで小さくした「素粒子」の世界の学問で、現在もっとも真実に近い学問と言ってもいいでしょう。しかし、日常生活においてニュートン力学的直感に慣れ親しんだ私達からすると、摩訶不思議な話がいっぱい出てきます。この摩訶不思議な話が実は真実にもっとも近いというのですから驚きです。ではこの摩訶不思議な世界の話をしていきましょう。

その前に、まずは「素粒子」についてです。物質を究極まで小さくしていくと原子になります。現在百十八種類の原子が確認されているそうです。原子は中心に原子核があり、その周りを電子が回っている模型でよく表されます。原子核は陽子と中性子でできていて、陽子の数と電子の数は原則的には同数で構成され、その数の違いが百十八種類の原子を生んでいます。有名なところでは、陽子と電子の数がそれぞれ一個の水素、六個の炭素、八個の酸素あたりでしょうか。

更に、陽子はアップクオーク二個とダウンクオーク一個がくっついたもの、中性子はアップクオーク一個とダウンクオーク二個がくっついたものです。このあたりが今のところ物質を構成する最小単位とされていて、アップクオークやダウンクオークを含む六種類のクオークと、電子やニュートリノを含む六種類のレプトンがあるとされています。その他に力を伝える光子（フォトン）、グルーオン、ウィークボソン、質量を与えるヒッグス粒子があるそうです。

ここで素粒子の特徴を一つ説明します。それは、「素粒子は自己同一性を持たない」という事です。自己同一性とは、「二つの個が世界で唯一他にない個である」という事です。

私達の常識では、まったく同じように製造された工業製品（例えばビー玉）でも、わずかな傷があったりわずかに成分が違っていたりして個体に差異が生まれます。二つのビー玉があれば、どんなに瓜二つだとしても、この二つは別のビー玉です。しかし、素粒子は同じ種類の素粒子であれば、それは真に同じ物なのです。

こんな実験があります。一つの箱の真ん中に仕切りを設け、A区画とB区画を作ります。ここに二つのビー玉を投げ入れると、Aに二つ入る場合とBに二つ入る場合、AとBに一つずつ入る場合があります。それぞれの確率を計算するとAに二つが四分の一、Bに二つが四分の一、AとBに一つずつが二分の一です。なぜかと言えば、ビー玉XがAに入りビー玉YがBに入る確率が四分の一でその逆が四分の一だから合わせて二分の一になるわけです。実際に試してみてもこれに近い数値が出ます。

ところが同じように電子で実験すると、Aに二つが三分の一、Bに二つが三分の一、AとBに一つずつが三分の一の確率になるのです。なぜかといえば、電子には電子X電子Yがないからです。という事は、あくまでも理論上ですが、素粒子レベルでコピー製品を作成した場合、それはもはや同一の物という事になるわけです。

ここで、思い出していただきたいのが第二章で述べた「ワタシ」の話、生物に脳ができる事で「ワタシ」の概念が生まれ、「ワタシ」イコール「生物の個体」というイメージが出来上がった、しかし、この「ワタシ」イコール「生物の個体」というイメージは、脳の錯覚かもしれない、という話、自己同一性と関係がありそうな気がしませんか。後でまたこの話をしますので覚えておいてください。

それともう一つ勘違いしがちな素粒子の話、学校の教科書等でよく見かける原子の模型、中心の原子核の周りを電子が回っている例のあれです。この模型は原子の構造をわかりやすく説明する為に描かれているのですが、縮尺的には実際の原子とまったく違うそうです。実際は、仮に原子の大きさを東京ドームだとすると原子核は真ん中に野球ボールを置いたぐらいの縮尺だそうです。

つまり、物質を構成する原子はスカスカなのです。ぎゅっと固まった固体であっても実のところはスカスカ状態で、だからこそ、前述したように、宇宙から降り注ぐニュートリノが地球の裏側まですり抜けてしまうわけです。

でもあらゆる物がスカスカなのであれば、私達は物を持つ事すらできないような気がしますが、原子の表面は電子のマイナス電荷ですから、マイナス同士で反発し合う事で物を持てるのだそうです。

では本題の量子力学の話に入りたいと思います。基本的に本書は素人が素人の為に書いていますし、専門家の方から反論があるかもしれませんが、素人っぽい表現に終始したいと思います。

量子力学（素粒子の二重性）

まず量子力学の摩訶不思議な世界の一つ目は、すべての素粒子は「粒子」であり、かつ、「波」であるという事です。硬い物質をどんどん小さく切ってこれ以上切れない物をイメージした時に私達がイメージするのはやはり粒（つぶ）です。素粒子という言葉もいかにも粒（つぶ）ですし数えるときも一つ二つ、一個二個と数えたりします。しかし、素粒子は粒（つぶ）でありながら波でもあるのです。波というと海の波を思い浮かべますが、何かの媒体が振動して伝わっている状態です。音は空気の振動が伝わった波で音波と呼ばれます。電磁波というのは電場と磁場の振動が伝わったものです。「粒子」と「波」は私達の常識ではまったく別のもので似ても似つかないものです。

この粒子と波の二重性は私達にとって、とても信じがたい事なのですが、有名な二重スリット実験※22というもので実証されました。

ここで二重スリット実験を簡単に説明します。電子を一発ずつ発射できる電子銃、二カ所のスリットが開いたボード、電子を受けるスクリーンを順番に並べます。スリットが開いたボードに向かって電子を一発発射します。電子がちょうどスリット部分を通過できれば、スクリーンに電子の痕跡が点として残ります。通過できなければ、跳ね返りスクリーンに痕跡は残りません。これを何発も繰り返します。通過した電子はスクリーンに痕跡を残し、点の集合体が現れます。

ここまでの説明でわかる事は、電子を発射した時点でその電子は粒子である事、スクリーンに到達した電子も痕跡が「点」ですからやはり粒子である事です。さて、スクリーンに描かれた「点の集合体」はどのようなものでしょうか。

常識的に予想されるのは、スリットの形を透過したような姿が描かれるように思います。ところが、実際の実験結果は違うのです。スクリーンの真ん中あたりが少し点の密度が濃い目で、そこから左右に何本かの縞模様が描かれるような痕跡になるのです。

この縞模様は二つの波が干渉した時に現れる特徴で、波の山と山が重なったところは波が大きくなり、山と谷が重なると打ち消し合って波は小さくなる、という現象なのです。

皆さんもお風呂の中で簡単に実験できるので試してみてください。手で二カ所から波を発生させると、二つの波が干渉する様子を見る事ができます。

話を戻すと、不思議な事に、電子は発射した時は「粒子」でスクリーンに到達した時も「粒子」であるにもかかわらず、途中の飛んでいる間は「波」として振る舞っているという事なのです。「波」として振る舞うという事は、一発の電子を発射しても「粒子」は「波」に変化し、二カ所のスリットを同時に通過している事になります。そうでないと通過後に二つの波は発生しません。

～二重スリット実験～

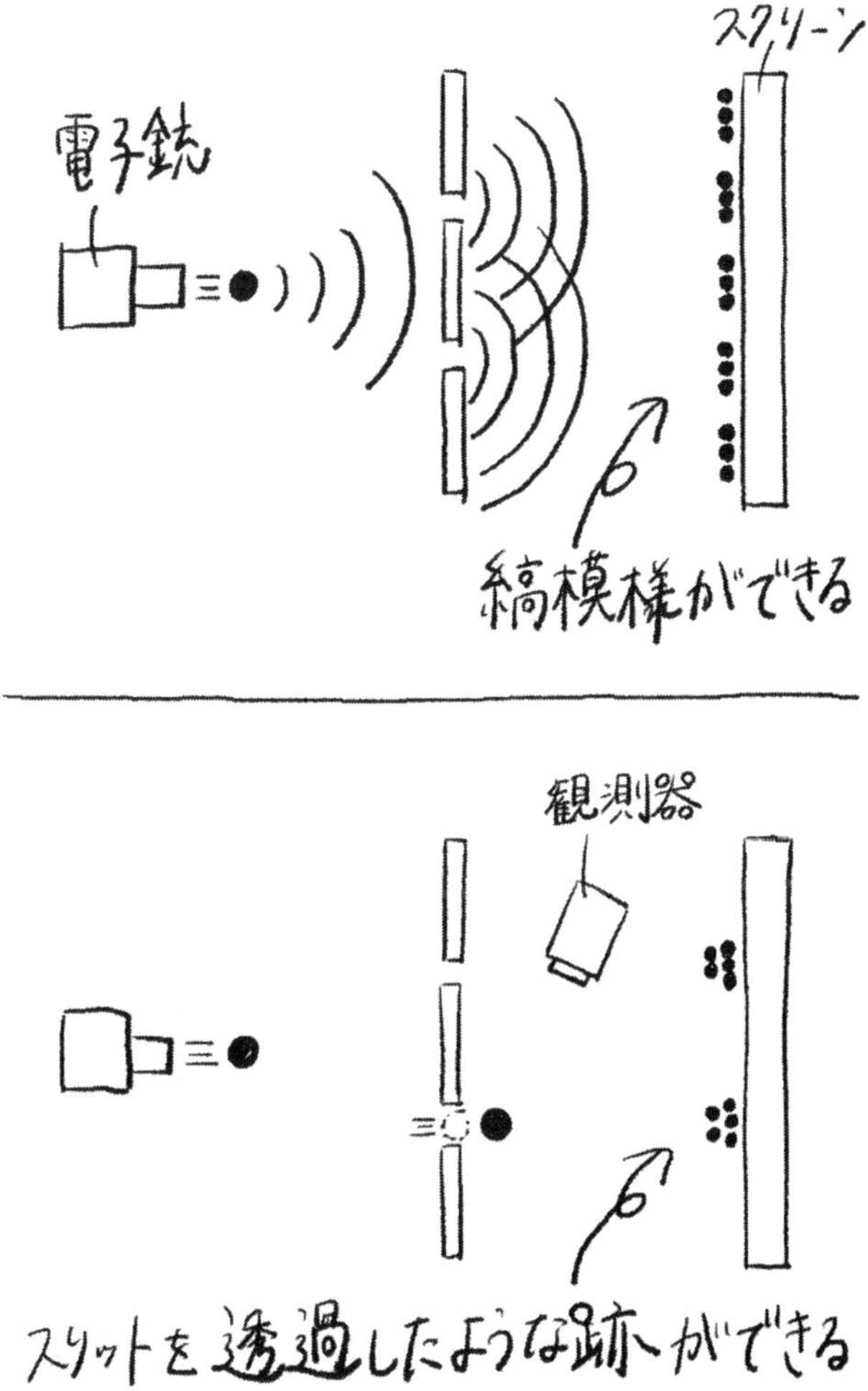

ここまでの話でもかなり不思議な事なのですが更に不思議な事が起こります。一発ずつ発射しているのに二カ所のスリットを同時に通過するというのはどういう事なのだろうと、スリット付近に観測機を設置し通過する電子の姿を捕えようと試みます。すると、一個の電子が粒子として片方のスリットを通過するのが確認でき、しかも、これを何発も続けるとすべての電子がどちらか片方のスリットのみを通過するのが確認でき、スクリーンには縞模様は描かれず、スリットの形を透過したような点の集合体が描かれるのです。

つまり、「波」としての特徴は消え、最初から最後まで「粒子」として振る舞うのです。これは何を意味しているかというと、観測すると「粒子」になり観測しないと「波」になるという事です。もっと素人っぽく言えば、「見ていない時は波なのに見ると粒子になる」という事です。そして、これは電子に限らず、すべての素粒子に現れる現象なのです。あまりにもぶっ飛び過ぎてどこか架空の世界の話のようですが、明らかにこれは私達が住んでいる「この世界」の話です。

これは私の直感なのですが、「粒子でありかつ波である」って、相対性理論の最終結論で示した「すべての物質はエネルギーに成り得る、その逆も成り得る」というのとなんとなくイメージが似ていませんか。私が読んだ物理に関する本にはどこにも書かれていませんが、おそらく私が素人だから感じる感覚なのだと思います。物理学者の方にとっては、その二つはまったく別の理論で無関係だ、と言われそうですね。しかし、本書では、この素人の似ているなという感覚を大切にしていきたいと思います。

量子力学（不確定性原理）

摩訶不思議な話二つ目は、不確定性原理です。言葉で表すと「素粒子の位置と運動量は同時に確定できない」という事です。運動量というのはわかりやすく言うと「速さ」の事でしょうか、つまり、ある素粒子の位置を確定すると、その素粒子はどのような動きをしているのかわからない。「速さ」を測定すると「位置」を確定する事ができない。これは前述した「素粒子が粒子でありかつ波である」事が関係しています。「波」はいわゆる振動ですから振動の位置を確定する事は基本的にできません。観測すると粒子として位置を確定できますが、その時には運動量は曖昧なものになってしまう。

日常生活におけるニュートン力学的常識では、例えばキャッチボールしているときの空中のボールは、位置と速度を計測できます。これに地球の重力や空気抵抗等を考慮すると、どの位置にボールが飛んで来るか計算で求める事ができます。

しかし、素粒子の世界ではそれができないらしいのです。これは、測定能力の限界というような技術的な問題ではなく、素粒子自体がそのような性質を持っているという事なのです。

ですから前述した原子の模型では、原子核の周りを電子が回っている事になっていますが、「回っている」という表現も私達が常識的に思っている「回っている」のとはまったく違うのです。原子核からおおよそこのくらいの場所に存在する、というようなもやっとした言い方しかできないわけです。このもやっとした電子が居そうな範囲を電子雲と呼ぶそうなのですが、量子力学ではこの雲の中の「どこかに居る」という考え方ではないのです。「どこにでも居る」という考え方なのです。意味がわからないという人も多いと思います。ここが量子力学の摩訶不思議なところなのですが、専門的には「状態の重ね合わせ」と呼ぶそうです。

つまり、測定能力の限界の為電子雲ができているのなら、「この雲の中のどこか一カ所に居る」という事になりますが、そうではなく観測する前は「雲の中で確率に応じてどこにでも居る」という事になるそうです。つまり、ここにもあそこにもあっちにもこっちにも居る状態という事です。そして、観測した時に初めて「ここ」という位置がはっきりするわけです。

もう脳の限界を超えてしまった方もいるかもしれませんが、これらの事を私なりの表現でま

とめてみると、

「物質は人が観測する前はあらゆる可能性を持って存在する、それはあたかも存在自体していないようである。そして、人が観測して初めて実体を持つ。」

といった感じでしょうか。

ここで急に話が飛びますが、仏教の話をしたいと思います。仏教の教えが書かれた経文（経典）の一つで「般若心経」というものがあります。その中に「色即是空　空即是色（しきそくぜくう　くうそくぜしき）」という一節があります。有名な一節なので聞いたことがある方も多いと思います。意味は「色（しき）すなわちそれは空（くう）である、空（くう）すなわちそれは色（しき）である」という事です。「色（しき）」というのは形のあるものというような意味ですが、現代風に言えば物質の事だと思っても良いのではないでしょうか。「空（くう）」は形のないものという意味ですが、「無」とは違って何も無いわけではない、目に見えないものという感じでしょうか。つまり、私なりにこの言葉を訳せば「物質は目に見えるものであり、かつ目に見えないものである」となります。この言葉、「粒子でありかつ波である」と似ていると思いませんか。これまた、お釈迦様は二千五百年前にこの世界の本質を既に理解していたのかもしれません。

量子力学（量子もつれ）

摩訶不思議な話三つ目は「量子もつれ」です。この話も専門的な話をし出すと今まで以上に頭がパンクしそうなので、多くの反論を覚悟で、おもいっきり素人っぽく話します。

素粒子の一つ電子には上向きの電子、下向きの電子というものがあり、この二つはいつもペアで存在し片方が上向きならもう片方は下向きと決まっています。しかし観測する前はどちらが上向きか下向きかわかりません。片方を観測し上向きとわかれば、もう片方は観測しなくても下向きとわかります。ではこの二つを切り離して遠く離れた場所に持っていきます。例えば東京と大阪としましょう。同じようにどちらも観測するまでどちらが上向きか下向きかわかりません。片方を観測するともう片方は観測しなくてもわかります。

ここまで聞いて、不思議だと思った方はあまりいないと思います。なぜかといえば、常識的には、電子の上向きか下向きかは、観測する前から決まっていて、決まっているものをただ確認しているだけだと考えるからです。丁半博打のサイコロはカップをあけるまでサイコロの目はわかりませんが、カップの中では目は既に決まっていて、カップをあけるのはただ決まった目を確認するだけと考えるのが当たり前です。

しかし、量子力学では、前述した「状態の重ね合わせ」という現象が起こっていて、どちらも上向きと下向きの状態を重ね合わせていると考えるのです。つまり、観測するという行為は、上向きか下向きかどちらかに決まっているものをただ確認するのではなく、上向きにも下向きにも成り得る状態であるものをどちらかに確定する行為であるという事なのです。こう話をすれば摩訶不思議な事だとおわかりかと思うのですが、「そんな事どうやって証明するのだ」という声が聞こえてきそうですね。確かに先程の話では最初から決まっている物をただ確認しただけなのか、観測によって確定したのか判断がつきません。しかし、これを証明した人がいるのです。詳細はここでは省きますが、ベル[※23]の不等式とアスペ[※24]の実験により、観測する前には上向きか下向きかは決まっていない事が証明されました。

さて、この摩訶不思議な現象、ダブルで摩訶不思議な事にお気付きですか。一つ目は何度も言うように観測によって上向きか下向きかが決定する事、もう一つは遠く離れた場所で観測もしていないのに上向きか下向きかが決定する事です。つまり、東京で観測するまで大阪の電子は上向きでありかつ下向きである、あるいはどちらとも言えない状態だったにもかかわらず、東京で観測した事によって状態が確定してしまうという事です。これは、言い換えれば、東京の状況が瞬時に時空を超えて大阪へ影響を与えるという事です。まるでテレパシーのようですね。このような現象を「共時性」「量子もつれ」と呼ぶのだそうです。そして、この現象は東京と大阪どころか東京と月、東京と宇宙の果てでも理論上起こり得るのだそうです。

量子力学（V字型二重スリット実験）

V字型二重スリット実験というのは理化学研究所[※25]が行った前述の二重スリット実験の変形バージョンです。細かい設備についてはここでは省略しますが目的を話します。

基本バージョンの方ではスリット部分に観測機を設置すると電子は粒子として振る舞うという事でした。だからこそ「見ると粒子、見ないと波」だったわけです。そこで変形バージョンの方では観測機は設置せずに最後のスクリーンまで「見ない」ようにしたのです。その代わり途中の経路を工夫する事で、二つのスリットのうちどちらか片方を通った事がわかる経路と、どちらを通ったかわからない経路を区別できるようにしたのです。

すると、またまた摩訶不思議な事が起こりました。スクリーンに描かれた痕跡を確認すると、どちらか片方を通った事がわかる経路の方は縞模様が現れず、どちらを通ったかわからない経路の方は縞模様が現れたのです。

つまり、「見た」のは最後のスクリーンだけですから、発射された電子がスリット部分で「粒子」として振る舞う理由はありません。スリットに到達した電子はその先の経路の事を知る余地は無いはずです。ところが、スクリーンに描かれた結果を見ると、電子の一部は「粒子」として振る舞った事を表しています。これって、最後のスクリーンに描かれた結果が、遡ってスリット部分の電子の振る舞いを変えた事になりませんか。ようするに結果である未来が過去の電子の振る舞いを決めるという私達の常識では考えられないような事が起こったのです。

先程「時間」とは「出来事の連鎖」であり「出来事の系列」であると述べました。ニュートン力学的時間の概念ではある出来事が過去に遡って影響を及ぼす事はあり得ない事です。つまり、この絶対時間の概念は、まず先に「時間」ありき、からスタートしてしまうからあり得ない事になってしまうのです。しかし、「出来事の連鎖、系列」イコール「時間」なのであれば、まず先に「出来事の連鎖､系列」があります。この「連鎖､系列」が遠く離れた場所につながったり、過去へつながったりしているのであれば、これを事実として認めざるを得ないでしょう。

宇宙の始まり

今度は少し宇宙に目を向けてみましょう。宇宙の始まりは、ある一点（特異点）からインフレーション、ビッグバンを経て膨張を始めたとされ、現在も膨張を続けています。

現在宇宙に存在する星や物質、生物や私達の肉体に至るまで、あらゆるものは最初の一点から生まれたとされています。

すべてのものが一点に存在するというのはなかなか想像ができませんが、一つヒントになる事が発見されています。それは「反粒子」の発見です。基本的に物質を構成する原子は、原子核に「陽子」というプラスの電荷を持つ粒子があり、その周りを「電子」というマイナスの電荷を持つ粒子が回っているという構造になっています。これに対し電気的な性質だけが反対でその他の性質はまったく同じ「反陽子」「陽電子」というまるで「陽子」「電子」を鏡に映したような粒子が発見されたのです。これは自然界ではほぼ存在しない粒子ですが、実験によって生み出す事ができ存在が確認された粒子です。

これらの「反粒子」は「粒子」と出会うと光を放ち両方とも消滅してしまいます。つまり、宇宙の最初の一点は「何も無い？」ところから粒子と反粒子が同時に生まれたと考えれば一応説明がつきます。宇宙誕生の直後に粒子と反粒子は生まれては消え、生まれては消えを繰り返し、残った粒子が現在の物質に成っていったわけです。

しかし、そもそも粒子と反粒子は双子の様に対（つい）になって生まれ、消えるときも対（つい）になって消えます。であるならば、生まれる数と消える数は同数ですから結局何も残らない事になってしまいます。

この疑問を解決したのがいわゆる「対称性の破れ」です。詳しい話は省きますが、ようするに、粒子と反粒子は鏡に映ったような完全な対称ではなく、わずかな違いがあったのです。これによりわずかに残った粒子が現在の物質を構成していったわけです。

ちなみに残った確率は十億分の一だそうです。つまり、十億個の粒子と反粒子が対消滅する毎に一個の粒子が残ったという事です。

この「対称性の破れ」はいろいろなところで痕跡を残しています。例えばニュートリノは左回転しか見つかっていない、であるとか、私達の肉体を構成するアミノ酸も、人工的に作れば鏡に映したようなL型とD型が同量できるのに、地球上の生命はL型のみで構成されている。というようなまだ明確な理由はわからないが、どうやらこれらの事も「対称性の破れ」が関係しているのでしょう。

私が思うに、宇宙には「鏡に映ったような対称的なものが対（つい）になって生まれる」というう原理原則があるのではないでしょうか。そう考えると、「何も無いところから何かが生まれる」というのもなんとなくイメージできます。仏教でいうところの「空（くう）」の概念も形は無いが何も無い「無」とは違う概念です。

粒子と反粒子が出会うと消滅してしまうように対（つい）となる反対のものが重なるとあたかも何も無いかのような状態になります。前述の干渉し合う「波」も山と谷が重なったところでは波は存在しないかのようになります。アクティブノイズキャンセリングという技術は、ノイズの波動を感知し、これと正反対の波動（山に谷を、谷に山をぶつける）を流す事でノイズを消す技術だそうです。

つまり、宇宙の始まりの一点（特異点）は何も無い「無」ではなく、何も無いように見えて実はすべてがそこにある、仏教でいうところの「空即是色（くうそくぜしき）」だったのではないでしょうか。

ところで、現在宇宙に存在するダークエネルギーとダークマターはご存じでしょうか。日本語に訳すと暗黒エネルギーと暗黒物質、なんだかヒーロー物のアニメ等で悪役が棲家にしていそうな名前ですね。

これらはようするに、正体不明のエネルギーと正体不明の物質の事です。まあ広大な宇宙ですから、まだまだ正体不明の物もあるでしょう。しかし、驚くべき事は、そのパーセンテージです。

物理学者の中に宇宙全体のエネルギー量を計算した人がいたそうなのですが、そのうち、ダークエネルギーが七十一パーセント、ダークマターが二十四パーセントだそうです。合わせて九十五パーセントです。ここ数百年で科学はすさまじい発展を遂げていますす。しかし、宇宙の九十五パーセントのものが正体不明であるというのです。この章の冒頭でテレビ番組の話をしましたが、宇宙物理学者が「この世界」の解明度は四パーセント未満と述べたのはこんなところからきているのかもしれません。

この世界の真の姿（私論）

量子力学において、素粒子は観測をすると実体を持ち、観測しないと実体を持たない事がわかりました。素粒子は物質を極限まで小さくしたものですから、言い換えれば、物質は観測すると実体を持ち、観測しないと実体を持たないとも言えます。物理学者の間でもミクロの世界とマクロの世界の境目は明確ではないそうです。実際に実験でも徐々に大きい物でも量子の振る舞いをする事が証明されているようです。

であるならば、もし「この世界」に観測する者が一人も居なければ、すべての物質は実体を持たない事になります。それはもはや存在していないのと同じ事ではないでしょうか。この事から見いだされる一つの結論は、「この世界」には「観測する側」と「観測される側」の二種類が存在するという事です。

前述のように、宇宙はある一点から始まり、その一点は何も無いように見えてすべてがある一点です。この一点から対称的な対（つい）になるものができ膨張し拡散していった。この対（つい）になるものが「観測する側」と「観測される側」なのではないでしょうか。

「いや宇宙が誕生した時に私達生物はいないだろ」という声が聞こえてきそうですね。そのとおりです。私達生物の肉体は物質ですから「観測する側」ではなく「観測される側」に属します。では「観測する側」とは何か、それが第二章で述べた「心」イコール「生命エネルギー」ではないかと思うのです。

またまた「いや生命が誕生していないのに心は存在しないだろ」と聞こえてきそうですね。はたしてそうでしょうか。始まった直後の宇宙はエネルギーだけでできていました。素粒子やら物質やらが登場するのはその後です。ましてや「細胞」ができるまでにはいろいろな条件が揃わなければなりません。つまり、物質よりエネルギーの方が先なのです。まだ生命に宿っていない「生命エネルギー」が宇宙のどこかに、宇宙誕生直後に生まれていたとしてもなんら不思議はないのではないでしょうか。

ところで、東洋思想を表す時によく描かれる「太極図」はご存じでしょうか。全体は円形で真ん中あたりが大きなS字のような線で区切られ二区画に分かれている、片方だけ見ると魚のような形にも見え、魚が二尾、尾と頭をくっつけているような形を成している、片方が黒く塗られもう片方は白い、魚に例えるとちょうど目のあたりに黒側には白で白側には黒で小さく丸い点が描かれている。

〜太極図〜

この図は「森羅万象は陰と陽の要素から成り立っている」事を表し、黒が陰を、白が陽を表し、直線で区切られていない事や黒の中の白い点、白の中の黒い点は、陰と陽の境目は曖昧であり、陰の中にも陽が、陽の中にも陰が存在する事を表している、といわれています。

実は、量子力学の育ての親といわれるニールス・ボーア※26は東洋思想に大変関心を持ち、勲章に描く自分の紋章にこの太極図を選んだのだそうです。太極図は仏教とは直接は関係ありませんが、仏教を含む東洋思想とボーア達が提唱した量子力学とは共通するものが数多く確認されています。

そして私の考えでは、「観測する側」のエネルギーと「観測される側」のエネルギーは太極図の陰と陽の如くまるで鏡に映したような関係にあるのではないかと思うのです。しかし、一見そっくりだが微妙な違いがある。いわゆる「対称性の破れ」です。どう違うのかについてはよくわかりません。しかし、「観測される側」のエネルギーは素粒子となり「物質」になっていく。「観測する側」のエネルギーは生命エネルギーとなり生命に宿り「心」になっていく。

「観測される側」と「観測する側」は元々映し鏡のような関係ですから「物質」と「心」も映し鏡のような関係になる。つまり、言い換えれば「心」が「物質」を描き出しているとも言えるわけです。ここで言う「心」とは単に一人の人の「心」ではありません。生命全体の「心」の集合体の事です。これは第二章で述べた集合的無意識の事だと考えてもいいのではないでしょうか。集合的無意識は時空を超えすべての生命の心とつながっている存在であり、生命エネルギーと同義語ともいえます。

ところで、皆さんは「輪廻転生」を信じますか。いわゆる生まれ変わりの事です。前世の記憶がある子供がたくさんいて、まじめに前世について研究している学者の方も大勢います。前世療法なる心理療法も存在します。

仏教の経文（経典）の中にも「輪廻転生」について書かれているところもあります。しかし、以外にも仏教ではそれほど積極的に「輪廻転生」ついて語られていません。お釈迦様が生きていた当時のインドでは、お釈迦様が教えを説く前から輪廻転生は信じられていました。お釈迦様は当時の常識的な考えに合わせて輪廻転生を取り入れた説法をしたのかもしれません。仏教の教えはどちらかというと現生においてどうすれば幸せな人生を送れるかが中心で、前世や後世の事はあまり語られていないのです。

一般的に前世の話をするとき、「前世はフランスの騎士だった」とか「日本の刀鍛冶だった」とか「農夫だった」とかあるいは「蛙だった」等と他の動物だったなんて話も出てきます。つまり、前世も現世と同じように一個人あるいは動物の一個体だとする考え方のようです。また最近では「人生何周目？」などと同一人物として何度もやり直せる人生が描かれたドラマなどもありました。[※27]

しかし、私の考えは違います。もちろんこれは確かめようがない事ですが、先程述べた「生命エネルギー」イコール「集合的無意識」は宇宙のどこかにいわゆる「海」のように存在しているのではないかと思うのです。

地球上の海の水は蒸発し雲を作り、地上に雨を降らせ、雨は川を作り、また海に帰っていきます。これもいわゆる輪廻です。この水の一滴が生命の一個体に当たるのではないかと思うのです。一滴の水は、ある時は雲の中の一滴となり、ある時は雨の一滴、川の流れの一部になる時もあります。しかし､最後には大海に帰っていく。大海の中の一滴の水はもはや大海に紛れ、混ざり合ってどこからどこまでが元の一滴かはわからなくなるでしょう。

死を迎えた一個体の生命エネルギー（イコール「心」）も生命エネルギーの大海へ帰っていき、他の生命エネルギーと区別がつかなくなるのではないでしょうか。

そして、また大海から一滴の生命エネルギーは、別の生命の一個体へ宿って行く、これも立派な「輪廻転生」です。

しかし、一個体から一個体へ直接転生するのではなく、一度大海の中に紛れる事で、その生命エネルギーの境界線は無くなるわけです。

ではなぜ前世の記憶を持つ子供がたくさんいるのでしょうか。おそらくそれは、大海の中のいろいろな記憶の一部が、その子供に残っているのだと思います。大海の中には、あらゆる個体の生前の記憶が雑多のごとく渦巻いています。その記憶の一部が、新たな生命の個体に残っていたとしても不思議はないのではないでしょうか。

しかし、この生命エネルギーの大海の中でも「出来事の連鎖」「因と果と縁」（因は原因、果は結果、縁は縁起）が起こっていて、まったくの無作為に次に宿る個体が決まるのではなく、生前の心の在り方等が何らかの影響を与えているのだと思います。

ちなみに、先程の「同一人物として何度も人生をやり直すドラマ」、これって、死んだ時点より過去に遡って生まれ変わった事になりますが、これについては「あり」だと思っています。大海を介するので同一人物に転生するのは無理だとしても、過去に遡る事はあり得るのではないでしょうか。「出来事の連鎖」は過去につながる事もあるわけですから、生命エネルギーの大海は過去も現在も未来も交錯した世界かもしれません。

たまに「未来が見える」という人も現れますが、生命エネルギーの大海の中の記憶が残っているのかもしれません。

この生命エネルギーの大海はどこにあるかについてはわかりません。しかし、もしかしたら前述した正体不明のダークエネルギーやダークマターが関係しているのかもしれません。「出来事の連鎖」は遠隔地にもつながるのですから。

また、最近よく言われる「アカシックレコード」や「ゼロポイントフィールド」というものと同じものを指しているのかもしれません。

第二章の本書流の無意識の説明の際に、樹木の年輪に例えた箇所があります。年輪の一番外側が意識であり、内側が無意識、生物の進化を体現しているかの如く、中心へ行くほど原始的な心になり、個人の無意識の一番深いところへ到達する。と説明しました。そしてその更に奥に集合的無意識があるとも説明しました。この樹木に例えると、根っこを張り巡らせている大地が集合的無意識に当たり、他のすべての樹木とつながっている事を意味しています。更に言う

ならば、空に向かって広がる枝や葉っぱは物質世界への入り口を意味しており、「心」と「物質」の接点という事になります。

つまり、「この世界」において、「観測する側」イコール「心」と「観測される側」イコール「物質」の接点は「生物」であるという事です。

また、同じく第二章の「心の原形」の説明の際、「心」を旧式のパソコンに例えて説明した箇所があります。パソコンは単なる箱で入力端子をキーボードやマウスに、出力端子をディスプレイやプリンターにつなげると説明した箇所です。入力信号も出力信号も意味を持たない単なる信号であると説明しました。

同じようにパソコンに例えるなら、「心」はインターネットのようにすべての生命とつながっています。しかし、若干これと違う点は生命エネルギーの大海（集合的無意識）を介してつながる、言わば、中央集権型ネットワークであるという点です。そして、入力端子と出力端子が物質世界との出入口になるわけです。

イメージしてみて下さい。観測される前の物質は実体を持たず無数の「波」が漂っている状態です。これらは信号となって入力端子から、つまり生物の感覚器官から「心」へ入力されます。そしてこの信号は一定の法則に従って出力されます。

第二章の説明では、この出力はその生物の生命活動であり、行動であるとしました。しかし、ここでは更に進んで、漂っていた「波」の一部を実体化し、物質化する事も出力と考えます。ちょうど出力端子からつながったディスプレイに映像化するように、物質世界を描き出すのです。

この描き出す物質世界はその生物の個体毎に微妙に違います。相対性理論が観測者によって時間の進み方や空間のゆがみが違う事を実証したように、「心」が描き出す物質世界も、百人の人がいれば百通りの物質世界が、千体の生物個体がいれば千通りの物質世界が存在します。なぜかと言えば、その生物が実体化、物質化するのは目の前の無数の「波」のうちのごく一部であり、しかもその一部の「波」も「状態の重ね合わせ」、つまり、「あらゆる可能性を持って存在している」からです。

一番わかりやすい例を挙げれば、人も含め動物の種類によって可視領域や可聴領域等が違う事が挙げられます。しかしそれだけではありません。やはり、描き出す物質世界も生命活動や行動と同じように、一定の法則に従って出力されるのです。

一定の法則とは、もうおわかりのように、「自らの姿を維持する」「自らをコピーし増殖する」「自らの姿の維持と増殖の為の材料を外部から取り入れる」事に都合の良い物質世界です。「人」の場合は「存在欲」「性欲」「食欲」を満たすのに都合の良い世界です。

とりわけ、「存在欲」は「この世界」に存在し続けたいという欲求ですから、「この世界」そのものを創っていると言っても良いかもしれません。私達の肉体も物質ですから、まさに「存在欲」が肉体を創っているわけです。肉体を構成する細胞や分子が数年ですべて入れ替わっても数年前と同じような肉体をキープできているのは、「存在欲」によるものだと考えられます。

つまり、目の前にある無数の「波」は「あらゆる可能性を持って存在している」のだがその可能性の中から、遺伝子Aによって選択された姿が実体化しているわけです。

更に「人」の場合は、繊細で細分化された感情や想像力、あるいは、想像力が生み出す代替欲求等も描き出す物質世界に影響を与えます。これらは、遺伝子Aの選択をはるかに超越した姿を実体化しているようにも見えます。しかし､その本質を探れば､実は「存在欲」「性欲」「食欲」を満たす為に作られた物質である事に気付くはずです。テレビや冷蔵庫、電子レンジ等の電化製品、自動車や電車、ビルや住宅、衣類や食品、そして何よりすべての物に交換可能なお金、どれを取ってもその本質は三つの「欲」を満たす為のものです。

しかし、ここで更に付け加えなければいけない法則があります。遺伝子Aの選択が及ばないもっと根本的な法則です。それは、この世界は「出来事」でできている事です。つまり、すべての物質は流動的で変化し、生滅を繰り返す。仏教で言うところの「諸行無常」という事になります。

したがって、物質世界は、変化し続けようとする根本法則に逆らうように、存在し続けようとする法則で遺伝子Aが殴り込みをかけているようなものなのです。その遺伝子Aの乗り物である生物は、その狭間で苦しむのです。

先程、肉体を構成する細胞や分子が数年ですべて入れ替わっても数年前と同じような肉体をキープできている、と述べましたが、同じような肉体であっても、まったく同じというわけではありません。そこには「老い」や「病」があり、微妙に「変化」し、最終的には「死」があります。これが、変化しようとする根本法則と生存し続けようとする遺伝子Aの法則が競り合った結果です。そしてこれが、その狭間にある生物の「苦しみ」です。

とりわけ、脊椎動物以降の「感情」を持ち合わせた動物は第二章で述べたように、常にベースには「苦しみ」等のネガティブな感情があり、この「苦しみ」を解消する行動をするように促されます。その促されるのが脳内にイメージされた「ワタシ」です。「ワタシ」は遺伝子Aが脳の中に作り出した一種の錯覚であると述べました。感情は遺伝子Aからのメッセージです。想像力、代替欲求も遺伝子Aが作った「脳」によって生み出されたものです。

つまり、遺伝子Aは根本法則に逆らうように、自ら選択し実体化した物質世界を自らが作り出した脳内の「ワタシ」に見せているわけですから、もはや、「ワタシ」が見ている物質世界も、やはり一種の錯覚なのではないでしょうか。

「この世界の真の姿」を探す旅に出て、結局行きついた先は「錯覚」でしたって、なんだか堂々巡りをしているように思われた方も多いと思います。第一章の「幸福とは」でも「相対的幸福感は錯覚」という結論で終わりました。しかし、錯覚というものは、まず錯覚だと気付く事が大事なのだと思います。多くの人は錯覚と気付かずに真実だと勘違いをし、振り回され、判断を間違え、人生を棒に振ります。錯覚だと気付きさえすれば、どう対処すれば良いかも見えてきます。次の章では「真の幸福とは」と題し、いよいよ核心に迫っていきたいと思います。

まとめ

一、「この世界」における科学が解明した度合いは四パーセントにも満たない。
二、「時間」も「空間」も絶対的なものではなく観測者の立場によって変化する。
三、「時間」は存在せず「出来事の連鎖」の事を「時間」と呼んでいるだけである。
四、物質は観測すると実体を持ち、観測していない時は実体のない「波」である。

五、「この世界」は「出来事の連鎖」で成り立っていて、遠隔地や過去へ連鎖する事もある。

六、宇宙は何も無いように見えてすべてがある一つの点から始まった。

七、宇宙誕生直後、観測される側のエネルギーと観測する側のエネルギーが対（つい）となって誕生した。

八、観測される側のエネルギーと観測する側のエネルギーは鏡に映したような関係である。

九、観測される側のエネルギーは「物質」になり、観測する側のエネルギーは「心」になった。

十、観測する側のエネルギーは生命エネルギーの大海（集合的無意識）となり、すべての生物の「心」とつながっている。

十一、個体の「心」は死を迎えると生命エネルギーの大海を介して輪廻転生する。

十二、個体の「心」が一定の法則に従い、個体毎に「物質世界」を描き出している。

十三、遺伝子Aは物質世界の根本法則に逆らうような法則により「ワタシ」に「物質世界」を見せている。

十四、「ワタシ」も「ワタシ」が見ている「物質世界」も実は錯覚である。

※15　小柴昌俊、1926年〜2020年、物理学者、天文学者
※16　アイザック・ニュートン、1643年〜1727年、哲学者、数学者、物理学者
※17　1985年の映画、監督ロバート・ゼメキス、主演マイケル・J・フォックス
※18　劇中のタイムマシンを制作した博士
※19　劇中の主人公
※20　劇中のタイムマシンの名称
※21　（参考文献）カルロ・ロヴェッリ、時間は存在しない、冨永星訳、NHK出版、2019、p237
※22　1961年クラウス・イェンソン（テュービンゲン大学）が複数の電子で行ったのが最初、その後1974年ピエール・ジョルジュ・メルリら（ミラノ大学）が一回に一個の電子で行った
※23　ジョン・スチュワート・ベル、1928年〜1990年、物理学者
※24　アラン・アスペ、1947年〜現在、物理学者
※25　日本で唯一の自然科学の総合研究所、国立研究開発法人
※26　ニールス・ボーア、1885年〜1962年、理論物理学者
※27　2023年日本テレビ系ドラマ、ブラッシュアップライフ、主演安藤サクラ、脚本バカリズム

四、真の幸福とは

相対的幸福感（おさらい）

第一章において、一般的な幸福感は、つらさや苦しさがあってこその幸福感であると述べました。つらさや苦しさを解消する事で幸福感を得ているとも述べました。

第二章の「感情」の説明では、遺伝子Aが「ワタシ」に対しベースとなる「苦しみ」等のネガティブな感情のメッセージを示す事で、「ワタシ」がこれを解消するように促し、解消された時に「幸福感」というご褒美の感情を与える。これらは、遺伝子Aが「ワタシ」を「存在欲」「性欲」「食欲」を満たす方向へ行動させる為の鞭と飴である、と述べました。

また、想像力が生み出す「代替欲求」も偽の幸福感を生み、時にはこの幸福感を得たいが為に、何度も同じことを繰り返し依存症という心の病に陥ることもある、とも述べました。

これらの幸福感は一種の「錯覚」であり、遺伝子Aの策略です。（代替欲求による偽の幸福感は少し質が違いますが）しかし、何度も繰り返しになりますが、私はこの幸福感を否定しているわけではありません。せっかくの幸福感ですから十分味わうべきだと思います。ただ、幸福な人生を送る上で大切なことは、「錯覚」だと理解した上でこの幸福感を味わうべきである、ということです。

そうでないと、遺伝子Ａの策略に乗ってしまい、幸福感の次に必ずやって来る苦しみに翻弄され、幸福感からのギャップから過大に苦しみを感じてしまうでしょう。遺伝子Ａはあなたの幸せの事など考えていません。ただ「この世界」に永遠に存在したいだけです。その為の乗り物としてあなたを利用し、操ろうとしているだけです。そんな策略には乗らずに、ご褒美の幸福感だけちゃっかり頂けばよいのです。具体的に言えば、幸福感を味わう時にあまり有頂天にならずに、しばらくしたら必ず幸福感は消える事、またすぐに苦しみがやって来る事を覚悟しておく事です。そして苦しみがやって来たら、翻弄されずに、「この苦しみは次にやって来る幸福感の為の準備だ」と考え、さらっとやり過ごす事です。そして、遺伝子Ａの望みを理解し、できる範囲内でそれに応えてあげればいいのです。

この相対的幸福感を真の幸福感と勘違いすると、これを失った時の絶望感、喪失感は計り知れないものになってしまいます。また、この絶望感、喪失感が代替欲求による偽の幸福感を生みやすいのです。絶望感、喪失感を埋めるために何か（アルコールやギャンブル等）に執着し一時的な幸福感（快楽）を得ようとする。そして、何度も繰り返し、やめられなくなり、依存症という心の病に陥るわけです。少し視点を変えるだけで幸福感だけでなく、苦しみも絶望感も喪失感もすべて錯覚だと気付くはずです。

真の「ワタシ」とは

真の幸福を理解する為には、まず真の「ワタシ」を理解する必要があります。

第二章で述べたように、「ワタシ」は遺伝子Aが脳に作り上げた一種の錯覚です。「ワタシ」イコール「生物の個体」というイメージを作る事で、個体同士の競争や協力を促し、より優秀な乗り物にする為の遺伝子Aの策略です。

では真の「ワタシ」とは何でしょうか。一つヒントになるのが、第二章でも少し触れた、蟻や蜂の仲間にとってはおそらくコロニー全体が「ワタシ」なのだという事です。まだ脳と呼べるほどのものはない昆虫ですから「ワタシ」の概念はないと思いますが、進化の過程で個体同士が役割分担をして協力し合いコロニーを形成するようになったのでしょう。人の肉体も約六十兆個の細胞が役割分担をして協力し合っています。これらの事から考えられる結論は、真の「ワタシ」とは生命全体なのではないかという事です。あるいは生命エネルギーの大海そのものと言ってもいいかもしれません。

第三章の素粒子の説明の際、素粒子は自己同一性を持たないと述べました。観測される側のエネルギーと観測する側のエネルギーは鏡に映したような存在です。したがって、物質と心も鏡に映したような存在です。という事は、物質の最小単位である素粒子と鏡に映したような何かが心の中にあってもおかしくはありません。それは自己同一性を持たない「ワタシ」かもしれません。

皆さんはこんな経験はありませんか。将来あんな職業に就きたい、こんな事をしてみたい等と夢を描いていたが、諸々の事情でなかなか実現できないでいると、友人やまあまあ身近な人がその職業に就いていた、自分の代わりに夢を叶えていた、なんて事。私は何度か経験があります。そんな時、ふと思う事があります。「ワタシ」が夢を叶えたのではないかと。つまり、その友人もまあまあ身近な人も実は「ワタシ」であり、生物の個体イコール「ワタシ」は錯覚なのではないかと。

メジャーリーグの大谷翔平選手[※28]が活躍すると自分の事の様に興奮し、更に応援したくなります。これもやはり「ワタシ」なのかもしれないと思うのです。少し考えてみてください。現存する生物の祖先をずっと辿っていけば、必ず一つの祖先に辿り着くはずです。そういう意味ではすべての生物は一つの生命から枝分かれした血縁関係なのです。生物の個体イコール「ワタシ」のイメージはあくまでも遺伝子Aの策略により脳に植え付けられたもので、真の「ワタシ」は生命全体なのです。

はるか遠くの国で起こった戦争により命を落とす人々も、食料が足りずに餓死した子供達も実は「ワタシ」なのです。

はたまた、あなたが昨日食べた牛肉や豚肉も、魚介類や野菜も実は「ワタシ」なのです。もっと言えば、あなたが今日たたき殺した蚊も蠅も実は「ワタシ」なのです。

誤解しないでいただきたいのは、私は牛肉や豚肉を食べてはいけないとか、害虫を殺してはいけないと言っているわけではありません。（仏教では出家者に課せられた戒律の中に不殺生というものがありますが、ほとんどの方は出家者ではないと思うので）

しかし、自覚は必要だと思うのです、実はすべての生命が「ワタシ」である事を。そして、人の体は約六十兆個の細胞同士が協力する事で成り立っているように、生命全体もそれぞれに役割があり、協力し合う事であなたの命をつなぎとめている事を。牛や豚はあなたに命を差し出す事であなたの命を紡いでいる事を。

つまり、本来生物同士も、ましてや「人」同士も争い合う存在ではないのです。争い合ってしまうのもやはり遺伝子Aの仕業なのです。遺伝子Aが個体同士を競争させる事で優秀な乗り物を作ろうとしているだけです。

更に「人」の場合、想像力がある事で、戦争の為の恐ろしい兵器をたくさん作ってしまいました。これも想像力がマイナスに働いた一つの例でしょう。おそらく食べる目的以外で他の生命を奪おうとするのは「人」だけでしょう。もちろん、象は歩くだけで蟻を殺しているかもしれませんし、子供を助ける為に結果的に外敵を殺してしまう動物もいるでしょう。しかし、少なくとも明確な意思を持って外敵でもない同種同士で大量虐殺をするのは「人」だけではないでしょうか。すべての人々が真の「ワタシ」が生命全体だと気付きさえすれば、大量虐殺も無くなるかもしれません。

真の幸福とは

一般的によく使われる言い回しに「理論的には可能だが現実には難しい」という言葉があります。わずかなゴミから莫大なエネルギーを作る事も、相対性理論によって可能である事が証明されましたが、現実にはまだできていません。この「理論的に可能」という言葉を、実現できないのなら「無駄」だとか「意味がない」等と否定的に考える人もいます。しかし、私はそうは思いません。「理論的に可能」だからこそ、それを目指す事ができるのだと思います。

という事で、現実に可能かどうかはとりあえず置いておいて、理論上の「真の幸福」を述べます。ここまでの話でもうほとんどの方は私が何を言いたいかはおわかりかと思います。「真の幸福」とは、「真のワタシであるすべての生命が幸福であり続ける事」という事になります。

しかし、この言葉にはいくつかの矛盾が含まれています。

まず一つ目、「すべての生命」には、脳と呼べるほどのものが無い生物も含まれます。それどころか単細胞生物も含まれます。これらには「感情」というものがありませんから、当然「幸福感」もありません。

二つ目の矛盾は、すべての生命の食料のほとんどは他の生命です。つまり食料を得るために殺し合います。これですべての生命が幸福になり得るのか、という点です。

三つ目の矛盾は、幸福であり続けるという事は、幸福ではない状態が無いという事です。つまり「幸福」の反対が存在しない絶対的幸福感というものがあり得るのかという点です。

この三つの矛盾に一つずつお答えします。

まず一つ目、幸福感という感情が幸福な状態であるという概念は、「人」が考える概念です。すべての生命が「ワタシ」なのであれば、感情を持たない生命にも何らかの役割があり、すべての生命の構成員なのです。「人」でいうところの六十兆個の細胞のうちの一つの細胞です。つまり、その生命は自らの役割を全うする事ができれば、それを幸福と呼ぶのではないでしょうか。

二つ目、確かに生物は別の生物を食料にする為に殺します。しかし、一つ目の解答と同じように、ある生物が別の生物の食料になる事がその生物（食料にされる方）の役割だと考えたらどうでしょう。つまり、食べられる事でその生物は役割を全うしたのです。そう考えれば、別の生物（食料にする方）の命を紡ぐ為に命を差し出したとも考えられます。この二つの生命が同じ「ワタシ」であるならば、「ワタシ」は「ワタシ」の為に喜んで（幸福に）命を差し出した事になるでしょう。

この一つ目と二つ目の解答は、実感としてよくわからない方も多いでしょう。しかし、一部の方には理解できると思います。我が子が、命に係わる病気や怪我をした経験のある方、我が子が助かるなら自分の命を差し出しても良いと考えた事があるのではないでしょうか。もしそれが叶うならば、喜んで（幸福に）命を差し出すでしょう。

ようするに、殺される事が「幸福」である事もあり得る、という事です。そして、食料にする側の生命もその事に気付き（気付けるのは「人」だけだと思います）命を差し出してくれた生物に感謝する事で、（単に満腹感だけでなく）更に深い幸福感を得る事ができるのです。なぜかと言えば、その感謝の気持ちが、自らがこの世界に存在し続ける価値があるという「存在欲」を満たしてくれるからです。

また、第二章において、生物と生物は一方で協力し助け合い、もう一方で競争し殺し合う相矛盾する関係と述べましたが、生命全体が「ワタシ」なのであれば、「殺し合う事」も実は「協力し助け合う事」になり矛盾ではないのです。

ただし、これはあくまでも食料にする為の殺し合いであって、「人」が行う戦争や大量虐殺はまったく当てはまりません。

三つ目の解答はもしかしたら一番理解し難いかもしれません。相対的ではない絶対的な幸福感などあり得るのか、という点ですが、第一章でも幸福な状態が長く続けばそのうちそれが普通の事になり、幸福感は無くなってしまうと説明しました。

しかし、本書の今までの説明、つまり、心とは何か、感情とは何か、この世界とはどんな世界か、真の「ワタシ」とは何か、を理解すれば、弾けるような派手な「幸福感」は無くても、じわっと染み渡るような「幸福感」を感じませんか。

ようするに、宇宙の真理を知り、すべては錯覚である、という真理を知る事で自ずと「苦しみ」は消え「幸福感」がふつふつと湧き上がってくると思うのです。その幸福感が真の幸福感であり、一生続き得る「幸福感」です。（油断をするとすぐ「普通」に戻ってしまいますが）

おそらく、お釈迦様のいわゆる「悟り」とはこの幸福感の事だと思います。お釈迦様は、ご自分の心をコントロールし、いつでもどんな状況でもこの幸福感を得る方法を編み出したのではないでしょうか。では、お釈迦様が編み出した方法とはどんな方法でしょうか。次の章では幸福な人生を送る為の実践的な方法を中心に述べていきたいと思います。

まとめ

一、相対的幸福感は錯覚であり、錯覚と知る事が大切である。
二、真の「ワタシ」とは生命全体である。
三、真の幸福とはすべての生命が幸福であり続ける事である。

四、生物にとって自らの役割を全うする事こそが幸福である。
五、時には他の生物の食料として自らの命を差し出す事が役割である場合もある。
六、「人」にとっての「真の幸福感」とはいわゆる「悟り」である。

※28　言わずと知れたメジャーリーガー、2021年と2023年のMVP

五、幸福な人生・実践編

仏教における実践

仏教においては、四諦八正道という苦しみを消す（幸福な人生を送る）為の実践方法が経文（経典）の中に記されています。四諦というのは、苦諦（くたい）、集諦（じったい）、滅諦（めったい）、道諦（どうたい）という四つの真理の事を指します。苦諦はこの世界は「苦しみ」に満ちているという真理、集諦は「苦しみ」の原因は「煩悩（ぶんのう）」であるという真理、滅諦は「煩悩」を消せば「苦しみ」は無くなるという真理、道諦は「煩悩」を消す方法は八正道（はっしょうどう）であるという真理の事を言います。

「煩悩」とは端的に言えば「欲」の事で、他の言い方では「渇愛（かつあい）」「執着（しゅうちゃく）」「貪欲（どんよく）」とも言います。基本的にはすべて同じ意味ですが「渇愛」「執着」「貪欲」は「欲」の強烈なものというイメージでしょうか。本書流に言えば、「欲」が「存在欲、性欲、食欲」、「渇愛」「執着」「貪欲」が「代替欲求」といった感じだと思います。

八正道とは正見（しょうけん）、正思惟（しょうしゆい）、正語（しょうご）、正業（しょうぎょう）、正命（しょうみょう）、正精進（しょうしょうじん）、正念（しょうねん）、正定（しょうじょう）の八つを指します。

簡単に説明すると、正しいものの見方をする、正しいものの考え方をする、正しい言葉を使う、正しい行動をする、正しい覚悟を持つ、正しい努力をする、正しい心の在り方を持つ、正しい瞑想をする、という事になります。まあ、ざっくり言えば、品行方正、清廉潔白に生活し、瞑想しなさい、といった感じでしょうか。

なんだかこれだけ聞くとつまらなそうな人生に聞こえますね。確かに私達が普段生活していて幸福感を感じる瞬間というのは「相対的幸福感」ですから、もっと派手な人生（例えば夢を叶えるとか大金持ちになるとか）が幸福な人生のような気がしてしまいますが、お釈迦様は相対的幸福感が錯覚である事に気付いていて、「真の幸福感」を得る方法を明示したのでしょう。

しかし、この八正道も一つ一つ突き詰めて考察すると、なかなか奥深い事を言っている事に気付くはずです。例えば「正しいものの見方をする」のはそんなに簡単な事ではありません。そもそも第三章で述べたように、見えている物質世界は人によって微妙に違います。目の前の物質世界は、その人の「心」が描き出しているからです。「心」の中の、特に個人的無意識の中には、遺伝や過去の経験から、「先入観」「固定観念」「ものの見方の癖」のようなものがあります。これらの事が「正しいものの見方」を邪魔します。

一つ例を挙げましょう。あなたの目の前の人があなたに微笑みかけたとします。過去に詐欺にあった経験のある人は、目の前の人があなたを騙そうとして微笑みかけているように見えるかもしれません。いじめられた経験がある人は、その微笑みが嘲笑に見えるかもしれません。愛に包まれて育った人には、好意的な微笑みに見えるでしょう。

目の前で起きている事実をただ単に「客観的事実」「あるがままの事実」として見る事は意外に難しいのです。また、「想像力」も「正しいものの見方」を邪魔します。「想像力」は現実に目の前で起きている事ではない過去の記憶や未来の予測が発展したものですから、目の前で起きている事を歪めてしまう可能性があります。第二章の想像力の説明の際の豚生姜焼き定食を目の前にした時の例でもわかるように、人によって見え方はそれぞれ違います。そして厄介な事に、想像力は、無意識の中も含めて、休むことなく常に働き続けています。この働き続ける想像力が、目の前の事実を歪めるのです。

究極的に言えば、視覚という感覚器官に入ってくる「光」を何の意味も持たない「信号」として捉える事が「正しいものの見方をする」という事になります。つまり、八正道の「正しい」

は一般的に私達がイメージする「道徳的に正しい」のではなく、もっと「究極的に客観的で、あるがままに正しい」という事を意味しているのです。

ようするに、本書の中で述べてきたすべてを理解した上での「正しい」を意味しているのだと思います。そう考えるとこの八正道のうちの七番目までが、それほど簡単ではない事に気付くはずです。実はこれを可能にするのが八番目の「瞑想」なのです。

瞑想

「心」は二十四時間常に働き続けています。「働き続けている」と言えば聞こえはいいのですが、必ずしも良い働きをしているとは限りません。「暴れ続けている」と言った方が適格かもしれません。

常に外からあらゆる信号が感覚器官に入ってきて、「ワタシ」の意思が及ばないところで勝手に感情が涌き、想像力が働き、これらが連鎖してまた別の感情や想像力を呼び、ポジティブな感情やネガティブな感情、あるいはいろんな方向の想像が複雑に絡み合います。

そしてこれらは「ワタシ」に影響を及ぼし、「正しいものの見方」「正しいものの考え方」等を邪魔します。まさに「心は常に暴れ回っている」のです。この暴れ回る「心」を静め、八正道の七番目までの「正しい」を実現する方法が八番目の「瞑想」になるわけです。

瞑想には大きく分けて二種類の瞑想があります。「サマタ瞑想」と「ヴィパッサナー瞑想」です。

サマタ瞑想は一般的にイメージしやすい瞑想だと思います。心を落ち着かせ、静かな心で精神統一をする事を目的にした瞑想で、主に禅宗のお坊さん等が行う座禅や、武道の稽古前後に行う黙想等がこれに当たると思います。

ヴィパッサナー瞑想は最近注目されている瞑想法で別名「観察する瞑想」とも呼ばれ、「心」と「体」を観察する瞑想法です。お釈迦様が「悟り」を開いた瞑想法とも言われています。具体的な方法としては、感覚器官に入る「信号」をただの「信号」と捉え、「感じる体」を観察する事に集中する。

ほとんどの方は、入ってきた「信号」を自動的に「情報」に転化してしまいます。何かの音が耳から入ってくれば「これはエアコンの音だ」などと瞬時に判断してしまいます。

最終的にはこの判断をしないようにします。「エアコン」という判断が心に浮かんでしまったら、さらっとこの情報を消し去り、感じている体に集中します。また、想像力も勝手に働いてしまい、昨日夫婦喧嘩した事や明日の仕事の予定等も浮かんできてしまいます。これらの事も最終的には浮かばないようにするのですが、浮かんでしまったら、さらっと消し去り、「今」の感覚器官に意識を集中するのです。ようするに勝手に暴れ回る「心」を静め、入ってくる「信号」だけに意識を集中するわけです。

また、この二つの瞑想法とは別に、「何かに極限まで集中していればそれは既に瞑想である」とする考え方もあります。スポーツ選手等が多く経験する、いわゆる「ゾーンに入る」と言われる状態の事で、瞑想という認識が無くても既に瞑想している人はけっこう多いかもしれません。

「瞑想」という単語を聞くと宗教的な特別な儀式だと考える人もいるかもしれませんが、そんなにオカルトチックな行為ではなく、集中力を高める一つの手法、あるいは、幸福な人生を送る為の手段と考え、日常生活に取り入れると効果的だと思います。※29

本書流幸福な人生の実践

本書の最終到達点がここになります。今までの説明でもかなり私論が含まれていますが、ここから述べる事も基本的には我流です。皆さん自分流にアレンジして実践していただければ良いと思います。

一、規則正しい生活（健康的な生活）をする。

最低限朝起きる時間と夜寝る時間は決めてください。できれば、睡眠は夜、活動は昼にしてください。そして、一日三食、ざっくりで構わないので栄養素を意識してください。まあご飯かパン＋肉か魚＋野菜くらいのざっくり感で良いと思います。（もちろんもっと緻密に栄養素を計算できる人はその方が良いです）

酒とたばこは基本的にはやめた方が良いです。特にたばこはやめるべきです。酒は飲むとしても控え目にしてください。

それから、昼の活動内容にもよりますが、デスクワークが多い人は意識的に運動する時間を設けた方が良いと思います。ようするに、健康的な習慣を身に付けましょうという事です。かといって、あまりにも完璧主義で健康に気を使い過ぎるのもいけません。逆にそれがストレスになり不健康になります。

なんだかありきたりな事を言っているように聞こえるかもしれませんが、実はこれが大切な事なのです。その意味は、「遺伝子Aの望みに最低限答えてあげる」という事です。生物である以上遺伝子Aに真っ向から逆らう事はできないからです。遺伝子Aは「存在欲」「性欲」「食欲」を満たす方向へ「ワタシ」を促します。満たされれば、一時的にでも「相対的幸福感」を与えてくれます。「錯覚」であっても立派な「幸福感」です。「錯覚」だと理解した上でしっかり味わいましょう。

問題は、この生活もできない方々です。無職で収入が無く今日の食事もできないという方々です。まあ日本人であれば、生活保護等の制度を利用すれば最低限の生活は可能だと思います。そのような方々で他の人と自分を比べて、自分は不幸だと感じてしまう人も多いと思いますが、それも「錯覚」です。遺伝子Aにとって無職かどうかなどはまったく関係ありません。むしろ日本人に生まれた事を幸運に思い、「幸福感」を味わいましょう。

しかし、更に深刻なのは、日本人でない、救済制度も整っていない方々です。いわゆる発展途上国や紛争地域等の方々です。この方々は本当に「苦しい」と思います。そのような方々が本書を読む機会はないかもしれませんが、まずは遺伝子Aの望みに最低限答えてあげるレベルを目標にしましょう。「苦しみ」は「幸福感」の為の準備と考え、乗り越えていきましょう。

また、日本人のように恵まれた人は、この方々も「ワタシ」である事を認識し可能な範囲で助けましょう。具体的な行動が無理であれば、「祈る」だけでも効果はあります。なぜなら「心」は生命エネルギーの大海（集合的無意識）を介してつながっているからです。

二、自分の身に起こるすべての出来事に感謝する

究極的に言えば、自分の身に起こるすべての出来事は無数の波の集合であり「錯覚」です。それは本来何の意味も無く、何の評価もできない出来事です。

しかし、実際の日常生活においてはこの出来事に一喜一憂してしまいます。なぜかと言えば、この物質世界は自分の心の映し鏡でありながら、それに気付いていない人が多いからです。

遺伝子Aの望みに最低限答えてあげていれば、自分の身に起こる出来事の多くは心の中の感情、想像、代替欲求を反映したものです。つまり、自分の心が作り出した物質世界の出来事で自分が一喜一憂しているわけです。まるで自作自演をしているようなものなのです。

であるならば、本来何の意味も無く、何の評価もできない出来事を、自分にとって良い出来事と評価する事も悪い出来事と評価する事も、どちらも可能であるという事にもなります。どうせなら、すべての出来事が自分にとって良い出来事だと評価した方が得だと思いませんか。

これが、幸福な人生を送る一つのコツなのです。すべての出来事に感謝していると、心の中に「幸福感」が湧いてきます。すると今度はこの「幸福感」が物質世界に反映され更に幸福な出来事が起こります。これが、「幸福の善循環」という事になります。

また、心は生命エネルギーの大海（集合的無意識）を介して他の人とつながっていますからこの「幸福感」は他の人へも伝わっていきます。いや、生命エネルギーの大海を介さなくても、「幸福感」に満ちた人は、その表情やしぐさから物質世界の「波」となって隣の人に伝わります。したがって、「幸福感」に満ちた人の周りには同様の人が集まるようになります。（ただし、心の中の「妬み」の感情が強い人にとって「幸福感」の「波」は「妬み」の感情を増幅させてしまう場合もあります）

とはいうものの、実際の日常生活で、すべての出来事に感謝をするというのはなかなか難しい事です。理屈でわかっていても瞬間的に自分にとって悪い出来事と評価してしまう事は多々あります。仕事で失敗し上司に叱られた、恋人に振られた、交通事故に遭い大けがをした、等々、まだまだいくらでもあります。そんな時のコツを一つお教えします。「この出来事は私に何かを気付かせようとしている」と考えるのです。

物質世界は心の中を反映したものですが、当然、無意識の中も含まれます。無意識の中には自分では気付いていない感情や想像、代替欲求、あるいは、先入観、固定観念、思考の癖といったものもたくさんあります。一見自分にとって悪い出来事に思える事を、何かに気付かせてくれる出来事として感謝するのです。もし、すぐにその何かがわからなかったとしても、「この出来事は必ず将来の良い出来事へ導いてくれる為の出来事だ」と考え感謝するのです。

「人間万事塞翁が馬」ということわざがあります。これは、中国の故事が元になっているのですが、その故事を少し紹介します。

昔中国のある所に老人（塞翁）が住んでいました。ある日そこで飼っていた馬が逃げ出してしまいました。しばらくすると、逃げ出した馬が駿馬を何頭も連れて帰ってきました。数日後、駿馬に乗った老人の息子が落馬をして足を骨折してしまいます。しかし、そのおかげで、その息子は兵役を免れ戦争へ行かなくて済んだという話です。

つまり、一見不幸な出来事が幸運につながることがあるという意味で使われることわざです。一見自分にとって悪い出来事と思える事が起きたら、このことわざを思い出しましょう。

それともう一つ、これは身内の話なのですが、私の息子は中学生時代から囲碁のプロ棋士を目指し、高校へ進学しませんでした。しかし、プロ棋士への道は厳しく、十七歳で挫折してしまいます。その時はかなり落ち込んでしまい、二度と立ち直れないのではないかと心配しましたが、一念発起し、大学受験に挑みます。

中学時代の後半くらいからはほとんど囲碁の勉強しかしていませんでしたので、受験勉強は大変な苦労だったと思います。（悲壮感はまったく感じませんでしたが）しかし、二年間努力した結果、高卒認定試験合格を経て慶應義塾大学に合格する事ができたのです。現在はこの経験を活かし大学受験専門塾の塾長をしています。彼の経験は一つの武器になり、塾生からも慕われているようです。彼曰く「プロ棋士になれなかったおかげで今の自分がいる。今は仕事が楽しい。」との事。これも一見自分にとって悪い出来事が良い出来事につながっていたという例ですね。

三、一日に最低でも一回は必ず大笑いする

第二章で述べたように生命活動のほとんどは遺伝子Aに支配されています。唯一「ワタシ」の意思で選択できるのが「行動」です。しかし、その「行動」でさえ「感情」というメッセージで間接的に遺伝子Aは操ろうとします。繰り返しになりますが、遺伝子Aはあなたの幸福の事など考えていません。あなたは「乗り物」でしかないのです。この遺伝子Aの策略に逆らって幸福を得る為には唯一「ワタシ」が選択できる「行動」で逆らうしかありません。それが「笑う」事です。

アメリカの心理学者のウィリアム・ジェームズ※30は「楽しいから笑うのではない、笑うから楽しいのだ」という言葉を残しています。「笑う」という行動をとる事で脳を錯覚させるのです。脳は遺伝子Aによってさんざん錯覚させられています。「苦しみ」も「相対的幸福感」も「ワタシ」のイメージも遺伝子Aによる策略による錯覚です。であるならば、これを逆手にとってこの錯覚しやすい脳を「行動」から錯覚させるのです。「笑う」という「行動」をとる事で脳は「楽しい」と錯覚し、「幸福感」を感じ始めます。これも立派な「幸福感」です。

とはいうものの、「笑う」理由が無いのにそう簡単に笑えるものでもありません。よく自己啓発本等に「いつも笑顔でいなさい」等と書かれている事があります。個人的にはあまり好きな表現ではありません。何か「作り笑顔」を連想してしまい、嘘っぽく感じてしまいます。

私が推奨するのは自分なりの何か心から笑える対象を見つける事です。漫才やコントを見るのも良いかもしれませんし、コメディ映画を見るとか、友人とのおしゃべりでも良いです。しかし、毎日の事となるとそんな時間がとれない場合もあるでしょう。そういう時は、小さな喜び（お風呂に入って気持ちいいとか）をあえて大げさに笑ってみるのも良いでしょう。あるいは、逆にちょっとしたおっちょこちょいをしてミスった時（つまずいてこけたとか、コーヒーをこぼしたとか）にコメディアンにでもなったつもりで突っ込みを入れ、大笑いするのも良いかもしれません。もちろん何の理由が無くても笑えるのならそれでも効果はあります。繰り返すと脳が錯覚し、「幸福感」が涌いてきます。ただ理由無く笑う場合は、一人の時の方が良いかもしれません。人前だとちょっと危ない人だと思われる恐れがあります。まあ某女子レスリングのオリンピックメダリストとそのお父様は、ちょっと別格ですが。[※31]

四、定期的に自分の部屋の整理整頓、断捨離、掃除をする

目の前の物質世界と心の中は映し鏡です。心の中、特に無意識の中には感情、想像、代替欲求、先入観、固定観念、考え方の癖等が複雑に絡み合いながら、雑然としています。意識に上がってきた感情や想像、代替欲求等がなぜ上がってきたのかわからないというケースは多々あります。なぜ苦しいのかわからない、なぜ悲しいのかわからない、なぜお酒をやめられないかわからない、等々、いくらでもあります。

目の前の物質世界である自分の部屋を整理整頓すると、映し鏡である心の中も整理整頓され

ます。もちろんこれですべてが解き明かされるというわけではありませんが、整理整頓されていないよりはわかりやすくなります。先程述べた「この出来事は私に何かを気付かせようとしている」という時も、何を気付かせようとしているのか気付きやすくなります。

また、断捨離により、不必要なものを捨て、自分の周辺の物質世界をシンプルにする事も幸福な人生に役立ちます。

そもそも「人」は「食欲」の代替欲求として「物欲」「所有欲」が大きくなりがちです。「食欲」のおおもとは「自らの姿の維持と増殖の為の材料を外部から取り入れる」です。この「外部から取り入れる」が想像力により「物欲」「所有欲」に変化するのです。つまり、将来の不安を感じ始めると不安を消す為になんでもかんでも自分の所有物にしたがるのです。これも一種の「依存」であり、「渇愛」「執着」であり、「苦しみ」の原因になります。深刻な人はどうしても捨てる事ができない、という人もいます。病的なところまで進んでしまうと、いわゆるゴミ屋敷を形成するまでに至ってしまいます。そうなる前に定期的に断捨離をして不必要な物は捨てましょう。

最近ではミニマムライフなる生き方も注目されています。この生き方に基本的には賛成です。いつかは誰もが死を迎えますが、その時には何も持っていく事はできませんから。ただ、人によってはミニマムライフにかこつけて、物を買わずにお金を貯め込むなんて人もいるかもしれませんが、これも結局「物」が「お金」に替わっただけで「依存」や「執着」の対象が代わっただけかもしれません。

五、周りの人に親切にする

皆さんも経験があるのではないでしょうか。他人にちょっとした親切をした時に、自分の気分が良くなるという事が。

電車でお年寄りに席を譲る、目の不自由な方の道案内をする等した後になんとなく「爽快感」が涌きませんか。これも「幸福感」の一種です。

よく自己啓発本等では、奉仕の精神が大切で、親切をしても心で見返りを求めてはいけない、というような事が書かれていたりします。私の考えでは、この「爽快感」「幸福感」そのものが見返りだと思うのです。そういう意味では、この「幸福感」という見返りを求めてどんどん親切にすべきだと思います。もちろんやり過ぎて、いわゆる「おせっかい」にならないように気を付けましょう。

しかし、なぜこの「幸福感」が涌くのでしょうか。本書流に言えば、親切にした対象者も実は「ワタシ」だからだと思います。つまり、「ワタシ」が「ワタシ」に親切にしたわけです。遺伝子Aの立場からすれば、生物の個体イコール「ワタシ」のイメージを作ったのは、競争させる為だけではありません。協力させる為でもあるのです。遺伝子Aにとってみれば優秀な乗り物はたくさんあった方が助かります。壊れてしまう乗り物があっても確率的に残る乗り物が増えるからです。だからこそ、他の個体に親切にすると一時的にでも「幸福感」というご褒美をくれるのです。これも「相対的幸福感」ではありますが、「錯覚」だと理解した上でしっかり味わいましょう。

それから、物質世界においても、心とつながった生命エネルギーの大海の中においても「出来事の連鎖」は起こっていて、今隣の人に親切にしたことが、どう連鎖していくかはわかりませんが、もしかしたら未来のあなたに大きな幸福をもたらす出来事とつながっているかもしれません。一番単純な例で言えば、あなたに親切にされたAさんがそれを見習おうとしてBさんに親切にし、またBさんがCさんに親切にし、Cさんがあなたに親切にするなんて事もあるかもしれません。どう連鎖するのかは確かめようがありませんが、つながっている事は確かだと思います。メジャーリーグの大谷翔平選手は「ゴミを拾う事は運を拾う事」と述べています。「ゴミを拾う」という行為が何らかの連鎖を繰り返し、大谷翔平選手に幸運をもたらしているのかもしれません。

六、一日三十分程度の瞑想をする

瞑想するのは、一日のうちのどのタイミングでも構いませんが、私の推奨は夜寝る前です。瞑想の後に何か予定があると終わる時間が気になって集中しにくいからです。もちろん三十分というのは一つの目安でどちらかといえばもっと長い方がいいですし、時間が無いときは十分程度でも構いません。

やり方としては、まず、楽な姿勢で座ります。仏教的には結跏趺坐（けっかふざ）という座り方が正式とされています。あぐらの状態から右足の甲を左足の太ももに乗せ、左足の甲を右足の太ももに乗せる座り方です。

まあ、本書的にはあぐらでもいいですし、正座でも良いと考えます。椅子に座るのでも良いと思います。ただ、眠ってしまうといけないので、背もたれは使わない方が良いと思います。背筋は伸ばし、リラックスの中にわずかな緊張感がある感じです。

手は仏教的には法界定印（ほっかいじょういん）という組み方をします。下腹辺りの位置で両手のひらを上に向け、左手を上に重ね、両手で楕円形を作るように両親指の先をくっ付けます。

これも、本書的には特にこだわりません。軽く握るような形でも構いませんし、膝の上や太ももの上でも構わないと思います。できれば静かな場所、集中できる場所を選びましょう。お子さんがいらっしゃる方は寝かしつけてから、あるいは、ある程度大きなお子さんなら、一緒に瞑想しても良いと思います。

私が推奨するやり方は、最初の五分が「感謝」と「祈り」その後十分が「サマタ瞑想」その後十五分が「ヴィパッサナー瞑想」という感じです。もちろん、時間は目安なので自分なりにアレンジしてください。

まず目を閉じ、心の中でその日遭った出来事を思い出しながら一つ一つ感謝していきます。その後、家族や身近な人、世界中の人々、すべての生命の順番で幸福を祈ります。「感謝」は先程の本書流幸福な人生の実践の二(すべての出来事に感謝)を毎日確認する目的です。「祈り」は生命エネルギーの大海（集合的無意識）を介して真の「ワタシ」が幸福になる為です。

この後、サマタ瞑想に入ります。サマタ瞑想はヴィパッサナー瞑想のウォーミングアップと考えてください。推奨する方法は、自分の呼吸に意識を集中する方法です。最初のうちはいろんなものが心に浮かんできてしまうと思います。今日の出来事、その時の感情、明日の予定、不安や恐怖等、心が暴れ回っているからです。大切な事は、浮かんできてしまう自分自身にイラつかない事です。「ああ私の心の中にはこんなものがあるのか」ともう一人の自分が客観視しているようなつもりでさらっと受け流し、また呼吸に集中するように心掛けましょう。

サマタ瞑想からヴィパッサナー瞑想への移行はそんなにはっきり線引きしなくて大丈夫です。意識を呼吸だけではなく感覚器官全般に持っていくだけです。

床に接触している肌の感覚だとか、手と足が接触している感覚、耳から入る音、鼻から入る空気のにおい、空気が通る感覚、体内（内臓等）で何か変化があればその感覚、といった感覚に意識を集中し「ただ感じる」のです。

理論上は、目を開けて視覚から入る感覚も「ただ感じる」事が可能なはずなのですが、普通の人にはほぼ無理です。視覚から入る「信号」は瞬時に「情報」に変換されてしまい「テレビ」とか「テーブル」とか物の名前が浮かんでしまいます。名前が浮かんだ時点で心は静まっていない事になるのですが、そうならないようにできるのは相当な上級者でしょう。したがって目は閉じた状態で瞑想する事をお薦めします。視覚以外の感覚器官から入る「信号」も「情報」に変換されますが、視覚に比べるとまだ変換前に遮断が可能です。もし「エアコンの音」とか

「換気扇の音」とか名前が浮かんだとしても、失敗だと思って落ち込む必要はありません。さらっと頭の中から消し去り、また感覚器官に集中するようにしてください。また、今日起きた出来事や明日の予定が浮かんでしまったときも、さらっと消し去り「今」の感覚器官に集中してください。

そもそも、何の為に瞑想をするのかといえば、この世界の真の姿を確認する為です。この物質世界は何の意味も無い、何の評価もできない単なる「波」の集まりであり、意味付けをしたり、評価したりしているのは自分の「心」である事を知る為です。究極の客観性を身に着ける為と言ってもいいかもしれません。仏教で言えば、八正道の一番目から七番目までの「正しい」を理解する為とも言えます。

しかし、瞑想がうまくいって瞑想中にこの目的が達成できたとしても、日常生活に戻れば、また心は暴れ始めます。また感情や想像、代替欲求等で心が乱される事になります。毎日がこの繰り返しなのですが、毎日瞑想を続けていると、日常生活のいろいろな場面で瞬間的な判断が変わってきます。冷静で客観的な判断ができるようになるのです。怒りっぽかった人が穏やかになったり、仕事で慌ててミスをしがちな人が的確な行動ができるようになったりします。必然的に「幸福感」を感じる機会も増えてきます。

そして瞑想の究極的な目的は、「悟り」を開き、「絶対的幸福感」を手に入れる事です。

ここまでが本書流幸福な人生の実践方法です。なんだかちょっと肩透かしだとか、物足りないだとか感じた方もいるかもしれません。特に夢に向かって必死の努力をしている人だとか、幸福イコール成功者という人生観を持っている人にとっては共感できない内容だったかもしれません。しかし、私の考えでは「成功」と「幸福」どちらが先かといえば「幸福」が先だと思うのです。今現在、夢や目標、人生の成功に向かって必死の努力を続けている方、もし、「今」その「努力」が「苦しい」のであれば今すぐやめるべきだと思います。（努力そのものが楽しいという人は別です）この苦しくても努力を続ける方々は、無意識の中で苦しい努力を必死に続けなければ夢は叶えられない、成功者にはなれないという思い込みがあるのです。そして夢さえ叶えられれば、成功者になりさえすれば、幸福になるはずだと思い込み、「今」という時間を犠牲にして不幸な人生を送っているのです。しかし、人生は「今」の連続なのです。「今」幸福だと思えない人は一生幸福だと思えません。

また、この「苦しい努力」を続けても目標に届かないと「まだ努力が足りない」と自分を責めるようになり、更に無謀な努力をします。もし仮に運良く夢や目標に到達できたとしても、そのポジションから眺める景色には、更に上の夢や目標が見え、やはり「まだ努力が足りない」と無謀な努力をします。これを繰り返すうちに体力も精神力もすり減り、いわゆる「燃え尽き症候群」になってしまうのです。

私の考えではまず先に「幸福」を手に入れるべきだと思うのです。というよりも「幸福」だと思い込むべきだと言った方がいいかもしれません。そもそもすべてが「錯覚」なわけですから「幸福」とも「不幸」とも思い込むことが可能なのです。どうせなら「幸福」と思い込みましょう。そして「幸福」だと思い込むといろいろな能力が自然に高まります。努力の効率が上がり、努力そのものが楽しくなり、むしろこの方が夢や目標に到達しやすくなります。また、夢や目標は、幸福な人生を送る為のちょっとしたスパイスのようなものくらいに考えていれば、更に上の夢や目標が見えたとしてもそれほど気にならなくなります。また楽しい努力を続けても良いし、まったく別の道に進んでも良いし、もちろん今のポジションに留まって、そこまでの達成感を思う存分味わっても良いわけです。したがって、まずは「幸福」を優先すべきだと思います。

さて、本書で述べたい事はここまでです。拙い文章で読み難いところもあったと思います。また、専門家の先生方からはご批判もあるかと思います。しかし、不肖ながら自分なりの信念を持って書いたつもりです。幸福な人生を送る人が一人でも増える事を願って終わりにします。

最後に本書流幸福な人生の実践の項目をまとめに記したいと思います。

まとめ（幸福な人生の実践方法）

一、規則正しい生活（健康的な生活）をする。
二、自分の身に起こるすべての出来事に感謝する。
三、一日に最低一回は大笑いする。
四、定期的に自分の部屋の整理整頓、断捨離、掃除をする。
五、周りの人に親切にする。
六、一日三十分程度の瞑想をする。

健康、感謝、笑い、整理、親切、瞑想（ＫＫＷＳＳＭ）と暗唱できるように覚えておくといいかもしれません。

※29 （参考文献）Ａ・スマナサーラ自分を変える気づきの瞑想法、（株）サンガ、２００４、p172
※30 ウィリアム・ジェームズ、１８４２年～１９１０年、哲学者、心理学者
※31 浜口京子さんとお父様のアニマル浜口さん、京子さんはアテネ、北京オリンピックの女子レスリング銅メダリスト、テレビで「ワッハッハ」と笑う姿をよく見かけます

著者：斉藤こはく
1962年東京生まれ
神奈川県立高校卒
子供の頃から生物学、物理学、心理学、仏教に関する読書が趣味の素人研究家
自称「学歴も肩書もないトゥルースシーカー（真理探求者）」

イラスト：斉藤ちなつ

幸福な人生の送り方

2024年10月25日　第1刷発行

著　者——— 斉藤こはく
発　行——— つむぎ書房
〒103-0023　東京都中央区日本橋本町2-3-15
https://tsumugi-shobo.com/
電話／03-6281-9874
発　売——— 星雲社（共同出版社・流通責任出版社）
〒112-0005　東京都文京区水道1-3-30
電話／03-3868-3275

ISBN 978-4-434-34763-4